10代のどうでもよくない悩みに作家が
言葉で向き合ってみた

日本ペンクラブ 編

泣いたあとは、
新しい靴をはこう。

ポプラ社

泣いたあとは、新しい靴をはこう。

10代のどうでもよくない悩みに
作家が言葉で向き合ってみた

日本ペンクラブ 編

新しい靴はどこにある？――まえがきにかえて

さびしくて、つらくて、眠《ねむ》れない夜が少年の頃《ころ》のボクにはありました。どうしてこんな目にあうのだろうと、自分の運命をうらんだこともあります。人には優しくしてきたつもりなのに、陰《かげ》で悪口を言われている。そんなことでくよくよしたこともあります。本当はもっとたくましく強くなりたいのに、弱くて、暗くて、ちっぽけな自分しか感じられない。落ちこんでいるときは、夜があけて空が白んでくるのも切ないです。朝になれば、いよいよ現実に引き戻《もど》される。だれにも会いたくない。家族にも、学校のみんなにも顔を合わせたくない。だったらいっそのこと、この世から消えてしまった方がいいのではないか。そう考えたこともあります。

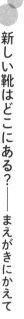

君はどうですか？

人生を旅にたとえるなら、君は今どんな道を歩いて、どんな風景を見ていますか？ 歩きやすい道で、美しい風景が広がっていればいいのですが、いつ止むのかわからない冷たい雨のなか、険しい道を前にうずくまってしまうようなことはだれにでも起き得ます。いえ、ひょっとすると、この世に生まれ出たときからずっと厳しい環境《かんきょう》のなかにいて、鮮《あざ》やかな風景など一度も見たことがない。君はそういう人かもしれません。

でも、ボクは思います。

今がどんなに苦しくても、君の前に道はあります。どこまでも伸《の》びています。風景も途《と》切《ぎ》れることなく続いていています。

この本は、日本ペンクラブの作家や翻訳《ほんやく》家たちが、逆境のなかにいるのかもしれない君に向けてつむいだ言葉の集大成です。文字の表現者であるこの人たちもまた、旅の途中で倒《たお》れたり、道の真ん中で泣き出してしまったような経験があるはずなのです。だから、人の心を描《か》く仕事についたのです。転んでしまった人や、涙《なみだ》が止まらない人の気持ちがわかるから、それぞれの祈《いの》りを文字に託《たく》しているのです。

困難な状況《じょうきょう》にあっても、新たな一歩を踏《ふ》みだし、旅を続ける勇気。それはきっと、角度を変えてものごとを見直すところから始まるのでしょう。そしてそのきっかけは、君がこれまでイメージしたことがなかった他者からの言葉にあるのだと思います。

この本に収められた作家や翻訳家たちの言葉は、少々辛辣《しんらつ》だったり、あるいは自由奔放《ほんぽう》に過ぎると感じられるかもしれません。納得のいかない意見もあるでしょう。

でも君はたぶん、世界が一新されるような言葉にこの本のなかで出会うはずです。それは、地平線の向こうまで歩いていくための、君の新しい靴《くつ》なのです。

さあ、泣いたあとは新しい靴をはこう。新たな風景に出会う君の旅は、今日これからも続きます。

日本ペンクラブ「子どもの本」委員長　ドリアン助川

目次

二 ココロのこと 41

第二部　人間関係に悩んだとき

四 恋愛のこと

五　家族のこと　127

七 進路のこと

回答者一覧

阿川佐和子　あがわ・さわこ　▼主著『ウメ子』（小学館文庫）

浅田次郎　あさだ・じろう　▼主著『地下鉄《メトロ》に乗って』（講談社文庫）

石田純一　いしだ・じゅんいち　▼主著『マイライフ』（幻冬舎）

宇野和美　うの・かずみ　▼翻訳『もしぼくが本だったら』（アノニマ・スタジオ）

冲方丁　うぶかた・とう　▼主著『十二人の死にたい子どもたち』（文春文庫）

エドワード・レビンソン　▼主著『タイムスケープス・ジャパン』（日本カメラ社）

落合恵子　おちあい・けいこ　▼主著『自分を抱きしめてあげたい日に』（集英社新書）

柏葉幸子　かしわば・さちこ　▼主著『霧のむこうのふしぎな町』（講談社青い鳥文庫）

片川優子　かたがわ・ゆうこ　▼主著『佐藤さん』（講談社文庫）

加藤純子　かとう・じゅんこ　▼共著『母と娘が親友になれた日』（ポプラ社）

木内昇　きうち・のぼり　▼主著『櫛挽道守《くしひきちもり》』（集英社文庫）

きむらゆういち　▼主著『あらしのよるに』（講談社）

朽木 祥　くつき・しょう　▼主著『八月の光』（偕成社）

玄侑宗久　げんゆう・そうきゅう　▼主著『中陰の花』（文春文庫）

河野万里子　こうの・まりこ　▼翻訳『星の王子さま』（新潮文庫）

越水利江子　こしみず・りえこ　▼主著『風のラヴソング』（講談社青い鳥文庫）

佐藤 優　さとう・まさる　▼主著『十五の夏』（幻冬舎）

芝田勝茂　しばた・かつも　▼主著『ドーム郡ものがたり』（小峰書店）

下重暁子　しもじゅう・あきこ　▼主著『家族という病』（幻冬舎新書）

神保哲生　じんぼう・てつお　▼主著『ビデオジャーナリズム』（明石書店）

俵 万智　たわら・まち　▼主著『サラダ記念日』（河出文庫）

鶴田 静　つるた・しずか　▼主著『丘のてっぺんの庭　花暦』（淡交社）

ドリアン助川 どりあん・すけがわ ▼主著『あん』（ポプラ社）

中井貴恵 なかい・きえ ▼主著『父の贈りもの』（角川文庫）

中井はるの なかい・はるの ▼翻訳『ワンダー』（ほるぷ出版）

中島京子 なかじま・きょうこ ▼主著『小さいおうち』（文春文庫）

那須正幹 なす・まさもと ▼主著『それいけズッコケ三人組』（ポプラ社）

那須田淳 なすだ・じゅん ▼主著『星空ロック』（ポプラ文庫ピュアフル）

浜田桂子 はまだ・けいこ ▼主著『へいわってどんなこと？』（童心社）

濱野京子 はまの・きょうこ ▼主著『天下無敵のお嬢さま！』（童心社）

ひこ・田中 ひこ・たなか ▼主著『なりたて中学生　初級編・中級編・上級編』（講談社）

平野啓一郎 ひらの・けいいちろう ▼主著『私とは何か』（講談社現代新書）

古谷経衡 ふるや・つねひら ▼主著『「意識高い系」の研究』（文春新書）

松原秀行　まつばら・ひでゆき　▼主著『パスワードは、ひ・み・つ』（講談社青い鳥文庫）

松本侑子　まつもと・ゆうこ　▼翻訳『赤毛のアン』（文春文庫）

村上しいこ　むらかみ・しいこ　▼主著『死にたい、ですか』（小学館）

茂木健一郎　もぎ・けんいちろう　▼主著『脳とクオリア』（講談社学術文庫）

森 絵都　もり・えと　▼主著『みかづき』（集英社文庫）

山田 真　やまだ・まこと　▼主著『はじめてであう小児科の本』（福音館書店）

楊逸　ヤン・イー　▼主著『時が滲《にじ》む朝』（文春文庫）

吉岡 忍　よしおか・しのぶ　▼主著『墜落の夏』（新潮文庫）

寮 美千子　りょう・みちこ　▼主著『空が青いから白をえらんだのです』（新潮文庫）

令丈ヒロ子　れいじょう・ひろこ　▼主著『若おかみは小学生！』（講談社青い鳥文庫）

六草いちか　ろくそう・いちか　▼主著『鴎外の恋 舞姫エリスの真実』（講談社）

第一部

自分のことに悩んだとき

一　カラダのこと

同性を好きになっちゃった

最近ぼくには気になる人がいます。多分、「好き」なんだと思います。でも、その相手は同じ部活の先輩《せんぱい》で、しかも同性です。これまでも努力はしたけど、女子のことがどうしても好きになれません。ぼくはおかしいのでしょうか。誰《だれ》にも相談できません。（男性）

中島京子さん

誰かを好きになるのは、生きていて経験できることのうちで、いちばんすてきなことの一つなので、まずは、人を好きになった自分を、褒《ほ》めてあげましょう。

そしてご相談は、「ぼくはおかしいのでしょうか」ということでしたね。結論から言うと「ちっともおかしくありません」。

私は二十代のころ、女性雑誌の編集部で働いていましたが、八人いる編集部員のうち二人がゲイ、同性愛の男性でした。雑誌の編集部は、比較《ひかく》的自由な雰囲気《ふんいき》があったから、多様な人が集まるし、性的指向もオープンにしやすかったのでしょうね。

いま日本でレズビアン、ゲイ、バイセクシャル、トランスジェンダーなどの性的マイノリティと言われる人たち（ＬＧＢＴという言葉を聞いたことがあるかもしれませんね）の割合は、左利きの人と同じくらいだというデータがあるそうです。私の実感から言うと、もっと多いように思いますが、いずれにしても左利きの人って、ふつうに周りにいますよね？

でも、あなたはそんなふうに聞かされても安心できないかもしれません。おそらく、近くにそうしたことをオープンにしている人はいなくて、「誰にも相談できない」と悩《なや》んでいるんですものね。

ご紹介《しょうかい》したい本があります。『恋愛論《れんあい》』という本で、著者は橋本治《はしもとおさむ》さんです。橋本さんは、私の大好きな作家で、すばらしい著作がたくさんあります。最近亡くなられてしまったのですが、『恋愛論』は、講演録に加筆した本で、橋本さんが十代だったときの、初恋《はつこい》について語っているのです。橋本さんの初恋の人は同級生の男性でした。恋をしたときの不安定な気持ちや、切なさやうれしさや、いろんな感情が詰《つ》まっている本で、私は若いときに読んで、とても大事なものをもらったような気がしました。いまのあなたの気持ちと、よく似た心の動きが、橋本さんの言葉で語られているかもしれません。

作家にも音楽家にも、ゲイの人はたくさんいます。心配することはありません。フレディ・マーキュリーもエルトン・ジョンもゲイです。あなたがいまいる環境《かんきょう》で、そんなことを話せる人が見つからないなら、とりあえずは本を読んだり、音楽を聴《き》いたりして、自分だけじゃないぞと思っててください。そして、もう少しして、自分の世界を広げる機会が訪れたら、勇気を出して、自分らしく生きるために、一歩を踏《ふ》み出してみてください。

村上しいこさん

数年前私はゲイカップルの人前結婚《けっこん》式に参加しました。もちろん男性と男性の結婚式です。二人とも幸せそうで、幸せの基本形を見た気がしました。とはいっても、中学、高校のあいだ、ゲイやレズビアンであるとはなかなか口に出せません。イジメの対象になることもあります。そうした攻撃《こうげき》は、大人になってからもあるでしょう。そういう人たちとは話しても無駄《むだ》です。そしてSNSなどは匿名《とくめい》で攻撃されることもあるので、できるだけみないでください。それまでの家庭や社会での偏《かたよ》った情報の中にいるからです。

それでも今は、理解者の輪も広がっています。例えば三重県の伊賀《いが》市ではパートナーシップ宣誓《せんせい》制度といって、同性婚のカップルにも異性のカップルと同じ権利を持ってもらおうとの取り組みがあります。こうした街は他にもあるし、これからも増えていくと思います。とはいえ、そこに行き着くまでにも、あなたには、越《こ》えなければいけないハードルがいくつもありますよね。

同性の誰かを好きになって、そこからどうすればいいのか？　告白したせいで、今まで普通《ふつう》に話したりじゃれあっていたのが、できなくなったり、傷ついてしまったり。学校や部活に行けなくなったりしたらつらいよね。

同性でもいえることですが、誰かを好きになることの基本は同じ。相手をどこまで大切にできるかです。

相手に自分の気持ちを伝えたくなったら、その人が同性愛について、どう考えているか、さりげなく探ってみるのもいいかもしれませんね。グループや夏休みの研究に、LGBTや差別問題を取り入れたり、読書感想文にそうした本を選んで話題にしてみるとか。いくら好きになっても、理解し合えない人とは性別以前に、つきあうことは難しいでしょう。

今はゲイの方が書いた本もたくさん出ていますし、相談できる人やサークルもSNSを使えば簡単に探すことができます。もちろんそこには、詐欺《さぎ》まがいの落とし穴があったりもするでしょう。

いずれにしても、自分はおかしいのではないか、などと、マイナス思考に陥《おちい》らないで下さい。誰かから、あなた自身が理解してもらおうとするなら、楽しく生きなければなりません。幸せに生きる姿こそが何よりも必要です。

あなたにしか生きられない人生を存分に楽しんで下さい。きっとパートナーはいます。

チビだからモテない

ぼくは身長が低く、中学に入ってから成長も止まりました。クラスでいちばん小さいから、男友達からはもちろん、女子からもいじられます。スポーツだって不利なことが多いし、なによりチビってだけでモテないと思います。自分より大きい女の子と付き合うのも恥《は》ずかしいし、どうしたらいいんでしょう。（男性）

神保哲生さん

自分の外見って気になりますよね。特に体型は外から見えてしまうのでなおさらです。実は僕《ぼく》も身長で悩《なや》んでいたことがあります。僕は十五歳《さい》の時にアメリカに渡《わた》り、そこで高校に入ったのですが、最初のカルチャーショックが身長差でした。当時、僕の身長は日本では平均よりちょっと低いくらいだったんだけど、成人の平均身長が日本より十センチ以上も高いアメリカに行ったら、もう完全にチビ扱《あつか》い。クラスでも一番小さかったし、同級生の女の子でさえ自分より大きい人ばかりで、本当にショックでした。

しかも、僕が転校したニューヨーク郊外《こうがい》の高校は、生徒の八割が白人で、僕のような東洋人は数えるほどしかいない圧倒《あっとう》的な少数派でした。だから、白人のいじめっ子たちが東洋人を捕《つか》まえて、その外見をからかうなんてことは日常茶飯事《さはんじ》でした。しばらくは、アメリカに来たことを悔《く》やんでいました。

でも、ある日、学校で僕が意地悪な連中から「チビ」だの「細目」だのといじられていたら、寮《りょう》で僕のルームメートだったビルがやってきて、そのいじめっ子たちに、「おまえもチビだろ」って一喝《いっかつ》してくれたんです。いじめっ子たちはグーの音も出せずに逃《に》げて行きました。ビルはバスケットボールの選手で、身長が二メートル近くもあったんで、それに較《くら》べれば確かにみんなチビはチビなんですよね。

でも、その日の夜、寮の部屋に帰るとビルから、自分は背が高いことがコンプレックスで、それが理由で好きな女の子に告白できずにいるっていう悩みを聞かされたんです。

その時、何か心がすっと軽くなるような気がしました。背が低いことを恥ずかしいだなんて、僕の思い込《こ》みにすぎなかったんですね。背なんて高けりゃいいってもんじゃないし、人間にとってそんなの数多くの個性の一つでしかなかったんです。もっと大切なことはたくさんあるし、他にもアピールできるポイントはたくさんあります。

背や外見よりも、いい友達がいるとか、スポーツに一生懸命《けんめい》に打ち込んでいるとか、充実《じゅうじつ》した日々を過ごせていることの方が、何倍も大切なことだし、ずっと素敵なことなんですね。高身長は豊かな人生を約束してくれないけど、そういうことの一つひとつは、必ずや人生を豊かにしてくれます。

背丈《せたけ》のことなんて気にせずに一度しかない青春を思いっきり楽しんでいれば、いずれ背が低いことが自分のチャームポイントになりますよ。僕もそうだったから。

古谷経衡さん

結論から言って、身長が低いこととモテない、ということには関係がありません。私の経験則からすると、思春期から二十九歳《さい》くらいまででモテを決定するのは身長ではなく清潔感と社交力です。ですので、身長はあきらめても、身だしなみや全体的な清潔感、及《およ》びファッション、コミュニケーションスキル（異性との会話技術）の向上には常に気を遣《つか》って、努力してください。

そして一番重要なのは堂々としていること。女性から見て、男性が一番「カッコ悪い」

と思う要素は身長が低いことではなく、自分に自信がなく、いつもビクビク・オドオドしているように見えることです。身長が低いくらい、何だ！　という意志を持てば、変な言い方ですが態度がデカくなってきます。デンと構えていることに魅力《みりょく》を感じる女性もいるのです。ですので、身長が低いことを理由に、決して卑屈《ひくつ》になったり恥ずかしい、と感じてはいけません。その心がそのまま態度に出てしまうと、あなたはモテないでしょう。

私の周りには、身長が高いのに女性に全くモテないという級友がたくさんいました。理由は簡単です。まずルックスが悪いこと。コミュニケーションスキルが低いこと。そして服がダサいこと。この三点です。一方、日本人の平均より明らかに身長が低く、クラスの中でも一、二位を争う低身長のある級友は、学年一番の美女と付き合っては別れ、付き合っては別れを繰《く》り返していました。彼《かれ》は同級生のだれもがうらやむリア充《じゅう》生活を送っていたのです。なぜか。清潔感が抜《ぬ》きんでていることと、私服のセンスが良いこと。そして異性との会話にそつがなく、女性を楽しませる能力を身につけていたからです。

このように、私の経験から導き出されることは何か。冒頭《ぼうとう》の部分に戻《もど》りますが、身長が低いこととモテない、ということには関係がないということです。ただし、スポーツにおいて身長が低いことがハンデなのは仕方がありません。バスケットボールやラグビー、アメリカンフットボールの試合で、低身長のプレイヤーは高身長の人間に対して最初からハンデを抱《かか》えていることは事実です。しかし、だから何なのでしょうか。あなたはプロのスポーツ選手を目指しているのですか？　目指していないのなら、関係のないことですね。スポーツが苦手、不利であることは、高校を卒業した以降の人生には何ら影響《えいきょう》をしません。なぜなら私たちの社会には、スポーツ以外の文化や娯楽《ごらく》が山のようにあるからです。

最後に一つだけ。「自分より大きい女の子と付き合うのも恥ずかしい」と言いますが、世の中には「自分より小さい男の子と付き合うのが好き」という女性もいます。身長を気にするよりも清潔感や会話技術を磨《みが》きましょう。

自分のカラダが気持ち悪い

中学生になってから、急に胸が大きくなりました。男子から露骨《ろこつ》にいじられることもあれば、盗《ぬす》み見るような気持ち悪い目線も感じます。女子に相談しても自意識過《か》剰《じょう》とか、むしろ羨《うらや》ましいとか、まったくわかってもらえません。好きで大きくなったわけじゃないのに……。自分のカラダが気持ち悪い。（女性）

阿川佐和子さん

それはまったくもって不愉快《ふゆかい》ですね。男子に揶揄《やゆ》されることより、むしろ女子に『自意識過剰』とか『羨ましい』とか言われることのほうに、あなたは傷ついているのではありませんか？　こんなに悩《なや》んでいるのに、女友達には自慢《じまん》話をしているかのように聞こえるのかと思ったら傷つきますよね。でもどうか、自分のカラダを責めないで。カラダ君も「なんで気持ち悪いなんて言われなきゃならないの？　こんなに一生懸命《けんめい》育ったのに」って泣いていますよ。

実は私も、中学生の頃《ころ》から、身長が低い（一五十センチぐらい）わりに胸が大きくて、友達に『ミルクタンク』なんて呼ばれていました。電車に乗ると痴漢《ちかん》に遭《あ》うことも多いし、男性の視線がどうやら私の胸にばかり向いているのを感じるし、親には「あまり襟《えり》ぐりの大きな服は着ないように」なんて注意されるし。私は何も悪いことしてないのにって、あなたと同じようにイライラしていました。だから細身で胸の小さなボーイッシュな体型の友達が羨ましかった。ああいう体型なら、きついブラジャーなんかしなくていいし、縄跳《なわと》びをしても胸が痛くならないだろうし、走るたびに胸が揺《ゆ》れることを恥ずかしく思わなくてすむのにってね。

でもね。人生は長いのです。「もう削《そ》いでやりたい！」なんて嫌《きら》っていた胸を本気で羨ましく思われることもあるのです。実際、胸の小さい女性は、それはそれで深く悩んでいるはずです。私は背が低いことも子供の頃からコンプレックスでしたが、大人になるにつれ、損することもあるけれど、得することもたくさんあると知りました。胸が大きい人も、胸が小さい人も、それぞれに損なことと得なことがあるのです。誰《だれ》しも体型のコンプレックスを持っています。でも、コンプレックスのない人間は、つまらないぞ。今のうちに胸の悩みとしっかり向き合って、嫌《いや》な感情を目一杯《めいっぱい》吐《は》き出して、泣いたり悲しんだり、誰かの一言に救われたりして、そしていつか、いつかきっと、その経験があなたの宝物になるときがきます。それがあなたの胸と同様にキラキラした魅力《みりょく》になるのです。

だからといって男子がからかってきたり無礼にも触《さわ》ってきたりしたら、はっきり言ってやりなさい。「ふざけんな！　勝手に触るな！」と腹の底からどやしつけてやりなさい。そして普段《ふだん》は堂々と。堂々と胸を張って生きていくのです。

柏葉幸子さん

あきらめましょう。まわりの好奇《こうき》の目を耐《た》え忍《しの》び、ぐずぐずいっている間に、胸が垂れ下がらないようあらゆる努力をするべきです。大きくなってしまったものはどうしようもありません。重力に逆らうのは至難の業《わざ》です。両腕《りょううで》を斜《なな》め上にあげて、その腕を少し後ろ側へ引くというのが、バストアップの体操なのだと教えてもらったことがあります。さがせば、まだ他に効果的な運動があるかもしれません。あなたならまだ間に合います！

小学六年生からブラジャーを手ばなせない私としては、あなたに胸にみあった背丈《せたけ》があることを祈《いの》ります。今から背丈を伸《の》ばすことも考慮《こうりょ》してみてください。そのためにはまず、太らないことでしょう。それから、胸が大きい人は胸をめだたせないようにと猫背《ねこぜ》になりがちです。どうどうと胸をはって歩きましょう。

また、胸の大きな女の人を好む男の人は案外いるもので、もてるかもしれません。まあ、胸にだけ魅力《みりょく》を感じるような男はやめた方がいいと思いますが――。

私は背丈はないわ、太いわ、垂れ下がった胸だわで、女の子っぽい可愛い洋服は似合わないし、何を着ても格好は悪いし、時代劇の武将の鎧《よろい》の胴《どう》といった方がいいブラジャーはバーゲンなどめったにないし、いいことはありませんでした。

でも一度だけ、あら、うれしいと思ったことがありました。

イタリアの小さな骨董《こっとう》店で、ブランドずくめの日本人の奥様《おくさま》といっしょになりました。奥様は、ダイヤがたくさんついたおおぶりのブローチを欲しいと身ぶりでいっていました。店主に意思は伝わっていると思うのですが、気難し気なおばあさん店主は、はいどうぞとはなかなかいわないのです。こっちはどうだ？　あっちはどうだ？　と他の物を指さします。奥様もがんこにこれがいいといいはります。店主はとうとう、がまんできないというようにイタリア語でなにやらまくしたてだしました。まくしたてながら、私をちらちらみるのです。店主はブローチを何度も手のひらに乗せてみせます。同じ単語を叫《さけ》びます。乗せるのだ！　と言っているとわかりました。このブローチは奥様の胸には乗らないけど、お前の胸には乗る。だからお前が買え！　と私にいいたいらしいのです。せっかく見初《みそ》めてもらったのですが、私に買えるお値段ではなく、こそこそと店を出ました。やっかいものあつかいしていた胸ですが、あんな素敵なブローチが似合うらしいとほんの少し誇《ほこ》らしく思ったものです。この年まで生きてきて、胸のことでうれしかったのは、この一度だけです。

まだ若いあなたには、胸が垂れるか垂れ下がらないかはそう問題ではないでしょうが、今から努力しないと間に合いません。努力です！

うまく言葉が出てこない

ぼくはいわゆる「吃音《きつおん》」です。緊張《きんちょう》しいなのか、いざという時にかぎって「たたたた」みたいに、言葉が止まらなくなります。授業中とかもそうで、いつもクラスメイトから笑われて恥《は》ずかしい。ぼくは一生このままなのでしょうか。人と話をするのが嫌《いや》でたまりません。（男性）

玄侑宗久さん

私自身は「吃音」の体験はないのですが、これまで何人かの友人が「吃音」だった経験からお答えしたいと思います。まず「吃音」の友人すべてに言えることは、誰《だれ》もが誠実すぎるほど誠実で、信用できる人々であることです。本人は確かに言葉がつまることが嫌だろうと思いますが、周囲はまた違《ちが》った見方をしているものです。そのことをまず知ってほしいと思います。「舌先三寸《したさきさんずん》」とか「巧言令色 鮮し仁《こうげんれいしょくすくなしじん》」という言葉もありますが、皆《みな》スラスラ言葉が出てくる人々です。スラスラ話すことなど目指すことはありませんよ。

しかしそうはいっても、やはり嫌なんですよね。治したいのでしょう？　本当は専門医に訊《き》くのがいいのかもしれませんが、大阪《おおさか》に吃音のラッパーがいるのをご存じですか。彼《かれ》は音楽に乗せて歌うときは吃音の症状《しょうじょう》が出ません。歌詞の中でも言っていますが、言葉じゃなく音に変換《へんかん》するとスムーズに出てくるそうです。メトロノームに合わせて話すと言葉が出やすいという友人もいます。人によって対策は違うのでしょうが、一度試してみる価値はあるかもしれませんね。

私は僧侶《そうりょ》で、修行道場に行ったのですが、そこに吃音の先輩《せんぱい》がいました。彼は、子どもの頃《ころ》に本堂に雷が落ちたショックで普通《ふつう》に話せなくなってしまったのだそうです。しかしお経をよむときやカラオケで歌うときは全くつかえません。要するに暗誦《あんしょう》しているものを再生する際には「吃音」は関係なくなるようなのです。先日久しぶりにお会いしましたが、話すときは少しつまったものの、優しい眼差しの立派な和尚《おしょう》さんでした。

総じて言えるのは、まず周囲は自分が思うほどは気にしていないということ。「笑われる」というのも好意的に受けとめてください。笑いは往々にして承認のサインであることが多いものですよ。わざわざ笑われることを仕事にする人々もいるわけですし、あなた自身どんなときに笑うのかよく憶《おも》いだしてみてください。

そして今後は、なにかを暗誦することを始めてみてください。自分の書いた詩でもいいし誰かの歌でもいい。むろんお経でも落語でもいいですが、暗誦することで一旦《いったん》言葉を音に換《か》えて再生してみるのです。きっと自分のなかにこれまで知らなかった才能を発見すると思いますよ。あまり力まず頑張《がんば》らず、ちょっと試すつもりでやってみてください。

ドリアン助川さん

吃音の友人がボクにも一人います。彼《かれ》とは高校一年生のときに同じクラスになり、出会いました。頭の回転はとても速い人なのに、言葉でなにかを伝えようとすると、「タタタタタ」になってしまうのです。彼の話し方を聞いて、笑う人はたしかにいました。ボクも何度か笑ったと思います。でもそれ以上に、顔を真っ赤にしながらも一生懸命《けんめい》に伝えようとする彼は、とても魅力《みりょく》的に思えました。だから友達になったのです。そして四十年、今でも付き合っています。

一方、ボクの目は色弱です。実生活で困ったことはほとんどないのですが、大学生のとき、就職活動を始めて愕然《がくぜん》としました。テレビ局、映画会社、出版社など、目指した企《き》業《ぎょう》がほぼすべて受験不可だったのです。ハンデになるのならともかく、試験も受けさせてくれなかったのです。社会はいきなり扉《とびら》を閉ざしてしまいました。

だからボクは企業には入らず、一人で仕事をして生きてきました。塾《じゅく》の先生、バーテンダー、週刊誌記者、フリーの放送作家、東欧《とうおう》革命やカンボジアPKOの取材記者、ロックバンドのヴォーカル、深夜放送のパーソナリティ、そして小説家。お金に困って苦しいときもありましたが、今振《ふ》り返れば、実に風景の豊かな人生を歩んできました。たくさんの言語に翻訳《ほんやく》され、世界中で読まれている作品も書きました。外国の読者に会いにいくため、海外旅行もします。

ボクの目にハンデがなくて、あのときどこかの企業の一員になっていたとしたら、たぶん違《ちが》う人生だったと思います。それはそれで良かったかもしれませんが、これまでの人生があまりに面白過ぎたので、これで良かったと胸を張って今言えるのです。

ハンデを背負ってしまったのはあなたのせいではありません。偶然《ぐうぜん》の産物です。でも、そのハンデをどう捉《とら》えて、どう進んでいくかは、あなた自身の選択《せんたく》と決意によります。

そこでひとつ覚えていて欲しいことがあるのです。ハンデと魅力は隣《とな》り合わせだということ。心を強く、そして限界を設けずに生きていけば、吃音の友人がとても魅力的に見えたように、ボクが次々と荒野《こうや》を駆《か》け抜《ぬ》けてきたように、あなたの人生も開かれていくはずです。つまり、問題は吃音ではない。あなたの心のありようなのです。

大丈夫《だいじょうぶ》。自分の考え方を持ち、しかもそれが人を支えたり、抱《だ》きしめたりする言葉に変わるのであれば、あなたの前には鮮《あざ》やかな風景が広がりますよ。

体重が増えるのが怖い

私は毎日、何度も何度も体重計とにらめっこしています。百グラムでも増えていようものなら、死にたい気分になります。何も口に入れたくないし、とにかく体重が増えるのが怖《こわ》いんです。もうどうしようもないんです。（女性）

松本侑子さん

私は、過食《かしょく》と拒食《きょしょく》の女子学生を主人公にして『巨食症《しょう》の明けない夜明け』という小説を書いたことがあります。そのとき、摂食《せっしょく》障害の女の子や男の子の心を学びました。

体重を気にしすぎる十代のみなさんは、やせればすてきになれる、自分に自信が持てる、自信が持てれば、やる気が出る、勉強もできる、運動も得意になる、学校で人気者になれる、恋人《こいびと》もできる、人生がすべて楽しくなる……と思っているかもしれません。

逆に言うと、やせていない自分はだめ、だめな自分には何もできないと、思いがちです。

十代のあなたは、体重を変えるだけでなく、今のあなたを変え、あなたの未来を変えることもできます。大人になって社会を変えることもできます。

ところが体重を気にしすぎるみなさんは、そんなことは自分にはできない、それに面倒《めんどう》くさい、とにかくやせさえすれば、自分のすべてがばら色になる、自分のまわりもばら色になる！　と思っています。

そのため、少しでも体重が増えると、落ちこんで、絶食《ぜっしょく》（拒食）をしたりします。逆に、やけくそになって、やけ食い（過食）をすることもあります。食べ過ぎた後で、後悔《こうかい》して、吐くこともあります。

そのうちにふつうの食欲ですら気になって、食べる自分も嫌《きら》って、自己嫌悪《けんお》から、ますます憂《ゆう》うつになり、何も意欲がわかず、ときには不登校になったりします。すべては、体重を減らせない今の自分はだめだ、と思っているからです。そんな残念なことにならないように、考えてみましょう！

あなたの夢は何ですか？　なぜやせたいのですか？　モデルや歌手やアイドルになるためにやせたいなら、歩き方やファッション、歌や音楽や演技を勉強しましょう。体重ばかり気にしている時間はありません。異性に好かれたいなら、体重にしか興味のない女の子は魅力《みりょく》にとぼしいでしょう（あなたは、一日に何度も体重計に乗っては死にたくなるような男子を、好きになれますか?)。もてたいなら、魅力的な女性とは? 男性とは? という永遠の謎《なぞ》について探求しましょう。それには小説や映画が役に立つでしょう。早く結婚《けっこん》してお母さんになりたいなら、健康な体を作り、家事をおぼえましょう。仕事をしたいなら、その職業について知識を深めながら、勉強と、丈夫《じょうぶ》な体を作るための運動をしましょう。夢がわからないなら、何でもいいから好きなことや興味のあることをやってみましょう。

このように、あなたは、今のままで色々なことができます。やりたいことにむかって、生き生きと毎日をすごしていると、ちょうどいい体重になります。そしていつかあなたが、元気な体と優しい心をもった、すてきな大人になりますように……。

二　ココロのこと

ぼくは誰ともつながれない？

人と話をしているときに「壁《かべ》」のようなものを感じます。本当の気持ちを伝えるのが怖いし、そもそも誰《だれ》もぼくの話になんか興味を持っていないと思う。みんながぼくを避《さ》けている気がするし、実際、話していてもつまらなそうです。一生このまま、誰ともつながれないのでしょうか。（男性）

森絵都さん

あなたが誰かとつながるために、本当の気持ちを打ちあけたり、面白い話をして興味を引いたりする必要はありません。

そんなに大変なことをしなくても、人とつながれる方法があります。「面白い話をする」のではなく、「相手の話を面白そうに聞く」のです。

あなたはきっと自分のトークに自信がないのでしょう。でも、あなただけじゃありません。おしゃべりが得意な人などほんの一部で、多くの人は自分の話に自信がないのです。だからこそ、誰かが自分の話を面白そうに聞いてくれると、うれしくなって、その誰かを大事にしようとします。

クラスでみんなに慕《した》われている子を観察してみてください。意外と、話し上手よりも聞き上手が多くないですか？　あなたが聞き手としてのスキルを身につければ、無理に距離《きょり》を縮めようとしなくても、自然とまわりに人が集まってくるはずです。

そして、人の話を聞きつづけることで、あなたは気がつくことでしょう。「自分以外のみんなもそれほど大した話はしていない」と。

くりかえしますが、クラスの人気者のようなごく一部の人をのぞけば、誰もそれほど話上手じゃないのです。起承転結がなかったり、オチがなかったり、徹底的《てってい》にくだらなかったり、日常の会話とは大抵《たいてい》そんなのばかりです。

一方で、そのどうでもいいようなつまらない話の中に、それを語る「その人」にしかない個性や持ち味がひそんでいることにも、あなたは次第に気づいていくことでしょう。ちょっとした言いまわしだとか、口癖《くちぐせ》だとか、独特の発想だとか。そこに面白味を見出せるようになったら、それだけ相手との壁が薄《うす》まったということです。

これまで聞いてあげたぶんをとりもどすように、さあ、今度はあなたが語りはじめましょう。どうでもいいようなつまらない話に、あなたという個性をこめて。

石田純一さん

この相談には、大きく分けて二つのことが書かれています。一つはおそらく事実で、自分の状況《じょうきょう》や気持ち。そしてもう一つは、他人の気持ちを想像したり推測しているもの。ほかの人や周りの人の考えや心情を察するのは、コミュニケーションをとるうえで非常に大切なことです。もしかしたら自分の思いを伝えることより重要で、難しいことかもしれません。ただ、根拠《こんきょ》のない推測であるが故に、気おくれしたり悪い方向に心配し過ぎると、こちらが委縮して何もできなくなってしまいます。いわゆる「考え過ぎ」という状態です。悪いバイアスを掛《か》け過ぎないでください。暗いフィルターを通してみた世界は冷たく、つまらなそうです。活気もなく、少し嫌味《いやみ》でさえあります。確証もないまま思い込《こ》みだけで、自分の周りの世界を敵意や憎悪《ぞうお》に満ちた、あるいは哀《かな》しみに閉ざされた空間に創り変えないでいただきたい。そんなことをしても誰にも歓迎《かんげい》されないでしょうし、喜びを分かち合うことも不可能でしょう。

さて、順序は逆になってしまいましたが、自分の状況や気持ちを伝えてきた一つ目の部分は〝事実〟ですか？　それとも認識でしょうか？　本当に、人と話すときに壁は存在しているのでしょうか？　あるいはそう感じているだけなのでしょうか？

二つ目の部分も同じで、あなた本人の考えや性向を映しているんだと思います。あなたは人のことを悪く解釈《かいしゃく》し過ぎ、自分を卑下《ひげ》し過ぎだと思います。仮に一〇〇％あなたの分析《ぶんせき》が正しかったとしても、ぼくのアドバイスはこうなります。相手の興味があなたにはなかったとしたら、何に一番興味があるのか？　それはたいていの人の場合、自分自身のことではないですか？

まず相手の話を聞き、語り合って理解し合えたら、共通の趣味《しゅみ》とか一般《いっぱん》論に話を広げ、その後こちらの話をするようにしたらどうでしょう。社会に出てもそうなんですが、相手の興味や欲求・願いが何なのかをまず考えることが大切です。自分のことを聞いてもらったり、好きになってもらうのは、そのあとですね。しかもあなたの場合、かなり相手との関係を悪くというか、否定的にとらえていて、臆《おく》している状態です。でも実際のところ相手はそこまであなたのことをさけているのか、本当につまらなく思っているのか疑問です。

急にプラス志向になれとは言いませんが、もう少し物事をよい方向に考えてみたらいかがですか？「相手」とは自分の考えの投影《とうえい》なんですね、結局。自分の物事のとらえ方を明るく建設的な方にもっていったら周りの状況も好転すると思います。ネガティブ本能に負けないで！

よくわからないけどモヤモヤする

わけもわからずにモヤモヤして、イライラしたり悲しくなったりすることがあります。何も手につかなくなります。これってなんなんでしょう。感情の源《みなもと》がわからなくて、とにかくモヤモヤします。(女性)

阿川佐和子さん

恐《おそ》らくその原因は一つではないはずです。小さなモヤモヤが少しずつ積み重なり、しだいにふくらんで、得体の知れない大きなかたまりとなってあなたの上にのしかかっている。だから、どうすればいいのか途方《とほう》にくれているのではないですか?

まず複合的モヤモヤを分解してみましょう。たとえば、友達とギクシャクしたとか、授業の内容についていけないとか、試験が近づいてきて不安が高まっているとか、ご両親に言われたことがひっかかっているとか、好きな人に冷たくされたとか、あるいは、ウンチが出なくてお腹が張ってイライラするとか。ちょっと違《ちが》う? でも、些細《ささい》なことでもいいですから、一つずつ列挙してください。なんならノートに箇条《かじょう》書きにしてみるといい。列挙しましたか？　そうしたら、それらをじっと見つめて。まずどれから解決していくか考える。いちばん解決しやすいものから順に番号を振《ふ》ってみます。よし、ウンチが出ないことは、便秘薬を飲んで解決しよう。次！　両親に言われたことがひっかかっているのなら、思い切って親と話し合ってみる。案外、簡単にスッキリするかもしれない。試験が近づいて不安なのはよくわかりますが、とりあえず立ち向かえば、その悩《なや》みは時間が解決してくれます。明けない夜はないのです。恋愛《れんあい》問題もしかり。時間をかけましょう。必ず傷が癒《いや》されるときはきます。今はつらくてもね。

でも、そうやって一つずつモヤモヤの数を減らしていっても、最後にどうにも解決できない大問題が残るかもしれません。そういうときは、あくまで私の方法ですが、何はさておき、まず寝《ね》る！　いっぱい寝る！　床《とこ》ずれができるほど寝たら、お腹が空きます。そうしたら、好きなものを食べる。おいしい！　と叫《さけ》んで、その喜びを身体中で表現する。少し楽になってきませんか？　それでもモヤモヤしていたら、外に出かけて。知り合いに会うかもしれません。「あ、どうしたの？　元気ないね」って声をかけられたら、待ってましたとばかり、こう言ってごらんなさい。

「そうなの、元気がないの。実はね……」

と、自分の気持を思い切り吐《は》き出すのです。ずっとその人の時間を独占《どくせん》していると、その人にも迷惑《めいわく》がかかるから、次！　他の優しそうな人を見つける。「どうしたの？」って聞かれたら、「そうなの、元気ないの。実はね……」って話し出す。

これを五回繰《く》り返してみてください。

「なんか、たいした悩みじゃなかったな」って思えるようになっている自分に気づくはずです。

一度、試してみてください。効いたらいいな。

山田真さん

あなたの質問を読んで五十年以上も前のことを思い出しました。そのころぼくも若者でしたが世の中にはフォークソングと呼ばれる歌がはやっていました。その一つに「悲しくてやりきれない」というタイトルの曲がありました。

ザ・フォーク・クルセダーズという男性三人組が歌った曲ですがヒットしました。ぼくも好きで歌っていました。この曲は「モヤモヤした気持ちがするけどこれはどうしたらいいんだろう。むなしさや苦しさが続くけどこれはいつまで続くんだろう」といったことを歌っています。どうしてモヤモヤするのか、なぜ苦しいのかなどということは歌われていないからわからなかったのですが、それでも多くの若者が歌ったのは「そう、そんな気持ち、わかる」と思ったからでしょう。

この曲はその後もいろいろな歌い手にカバーされて今も歌い継《つ》がれています。それはこの曲が若者たちの気持ちのゆれ動きをそのまま表現していたからだと思います。

ぼく自身も十代から二十代のころ、わけもわからずにイライラしたり苦しくなったりしたことがありました。モヤモヤした気持ちになって「なんだろう、このモヤモヤは」と思うこともあったのです。

今思うとあれが青春というものだったんだなと、なつかしい気持ちがします。

そしてかつてのぼくだけでなくあなたくらいの年代のかなり多くの人があなたと同じような経験をするのだろうとぼくは思います。

あなたがモヤモヤした気持ちになるのは病気ではありませんよ。医者を仕事にしているぼくが言うのだから信じてください。それは青春時代の若者が必ず通り抜《ぬ》ける道で、そういう経験をして成長し、大人になってゆくのでしょう。

ぼくのような高齢《こうれい》者になると時々ボーッとすることはあるけれど、モヤモヤするなどということは起こりません（いやそう言い切ってはいけない、モヤモヤするおばあちゃん、おじいちゃんもいるのかもしれません。そういう人は心が若いのでしょうね）。

ともかく、モヤモヤするのは若者の特徴《とくちょう》でもあり特権でもあると思うのです。

思い切りモヤモヤして青春時代の特権をかみしめてください。

八方美人の自分がイヤ

ぼくは「偽善者《ぎぜんしゃ》」だと思う。要領いいし、頭も悪くないから優等生のふりができる。人望だってある。でもたまに「八方美人」だと言われます。そういうときは見透《みす》かされた気がしてドキッとします。ぼくは誰《だれ》からも嫌《きら》われたくないし、誰も傷つけたくないんです。きれいごとばかりの自分がいやになる。(男性)

濱野京子さん

知人に、短気で強引で横柄《おうへい》な人がいます。でも、その人は実はとても気持ちのやさしい人。なのにやさしくふるまうことができません。また別の知人は、シニカルで人柄《ひとがら》に温かみを感じませんが、困った時には親切だしアドバイスも適切です。この二人、どっちがいいでしょうか。気持ちがやさしくて親切にふるまえるのがいちばんかもしれませんが、そんなにりっぱな人ばかりではありません。

ということで、本題。偽善者は悪人ではありません。人に良く思われたいということが動機であっても、善行を続ければ、限りなく善に近い偽善といえるかもしれません。

そんなことを考えるのは、私自身、自分はやさしいのではなくて、やさしいふりをしているだけ、つまりは偽善者だと思うことがあるからです。

たいていの人は他人を傷つけたくないし、他人から傷つけられたくもない。それでも、傷つけあってしまうのが人間。他人を傷つけないようにしようと思っても、一生だれのことも傷つけないことは不可能です。相手に悪意はなさそうなのに、傷ついてしまったという経験はありませんか？　それに、自分がわかってないだけで、あなたの言動に傷ついている人だっているかもしれません。

傍目《はため》にはりっぱに見える人が、心の中に悪意を隠《かく》し持っている、なんてこともあるはずです。自分の心の中の悪意を表明しないのは、卑怯《ひきょう》でしょうか。私は内心の悪意をコントロールして、悪行に及《およ》ばないことが大切なのではないかと思います。きれいごとには意味があるんです。

それでもやっぱり、自分が偽善的であることが苦しかったら？　時にはわがままにふるまってみるというのはどうでしょう。嫌われるかもしれないけれど。でも、すべての人に好かれる人も、すべての人を好きな人も、すべての人から嫌われる人も、すべての人を嫌いな人も、いないと思うのです。だから、嫌われたっていいんじゃないの、と思うようにしてはどうでしょう。難しい？　そんな時は声に出していってみるんです。

「嫌われたっていいや」

私は時々、そうつぶやいています。

佐藤優さん

人には、例外なく偽善者の要素があります。このことを鋭《するど》く指摘《してき》したのがイエス・キリストです。人間は誰もが罪を持っているとキリスト教では考えます。罪が形をとると悪になります。しかし、多くの人は、自分の中にこのような悪があることを認めようとしません。自分は善い人で、立派なことを行っていると確信している人が、とてもひどい悪を行います。

歴史的に見るならば、ソ連という国がその例です。一九一七年十一月にロシアで社会主義革命が起きました。革命家たちは、格差や差別を解消し、労働者と農民を主人公にする国を作ろうとしました。そうして一九二二年にソ連ができました。国家主導で、医療《いりょう》や教育の無償《むしょう》化、年金制度が整備されました。しかし、政治的には共産党の一党独裁となり、国中に秘密警察の監視《かんし》ネットワークが張り巡《めぐ》らされました。そして、共産党に反対する人は「人民の敵」というレッテルを貼《は》られ、強制収容所に送られました。非公開の裁判で死刑《しけい》にされた人もたくさんいます。私は日本の外交官として、ソ連末期のモスクワに赴《ふ》任《にん》しました。ロシア人はいい人たちです。しかし、ソ連の政治体制はほんとうに酷《ひど》かったです。その根源は、社会主義社会に原則として悪い人はいないという建前で、すべての国民が偽善的に振《ふ》る舞《ま》うことを余儀《よぎ》なくされていたことです。偽善が建前となっている社会では、悪は存在しないとされます。その結果、自らの過ちや悪について反省するきっかけがなくなってしまいます。もっともロシア人は「もうこういう体制で生活したくない」と考え、共産党一党独裁体制に反対し、一九九一年十二月にソ連は崩壊《ほうかい》しました。私はこの歴史的出来事の現場証人です。ソ連崩壊後のロシアでは、キリスト教が復興し、学校や家庭でも、罪や悪についてきちんと教えるようになりました。

私は、最近の日本社会を見ていると、ソ連のことを思い出します。誰もが、自分は善い人間なのだと偽善的に振る舞うようになっています。そのような状況《じょうきょう》であなたが「自分は偽善者ではないか」という気持ちを持ったことはとても重要です。あなたの良心が動き始めたからです。どうぞその気持ちをたいせつにしてください。自分がほめられているとき、善いことをしたと周囲から評価されているときほど、自分の心の中にある罪を自覚し、悔《く》い改めることが、あなたの成長にとてもよい影響《えいきょう》を与《あた》えます。

ひとりぼっちの感覚がしんどい

友達がいないわけではないし、いじめられているわけでもない。それなのに、どうしようもなくさびしい気持ちになることがある。誰《だれ》も私のことをわかっていない。そんな感覚に襲《おそ》われる。そういうときほどひとりでいたくなるけど、ひとりでいてもラクにはならない。この感覚から逃《に》げられなくてしんどい。(女性)

令丈ヒロ子さん

仲よしがいてもどうしようもなくさびしい気持ちになる。だれも自分のことをわかっていないと思う……これは、だれもが持つ気持ちのようです。人によってそれを強く感じる時期がちがうと思いますが、大人になってもその気持ちは完全には消えません。これって「謎《なぞ》のさみしさ」だなと思います。

大人になれば、すべての人はちがった人格で、百パーセントすみずみまで自分を理解し丸ごと受け止める相手など存在しないとわかっているはずなのに、どこかあきらめきれない。それはなぜなのか考えてみました。

最高の感覚を味わうと、その記憶《きおく》は消えないし、それと比べちゃいますよね。たとえば初めて食べたケーキが最高のパティシエの作っためちゃめちゃおいしいものだったとします。その後、ふつうにおいしいケーキを食べても「前のよりおいしくない」「なんか足りない」と思う。なんだったらまずいと思うかも。

実は人生も、こうなんじゃないかと思います。

どんな人も母親の胎内《たいない》から生まれますよね。おなかの中にいて、順調に成長しているときって、丸ごと大きなものに心身ともに守られている。おなかすいたも寒いもさみしいも知らない。この最高に楽でハッピーなところから人生スタートっていうのが、「謎のさみしさ」の原因じゃないかなと思うのです。

どんなによいパートナーにめぐまれても、たくさん仲間がいても、このときの多幸感に比べたら「なんか足りない」と感じてしまう。ましてや、いやなことが続いて起きたら、さみしさや不安感は、どんどん増します。

この「なんか足りない」さみしさが、人をいろんな方向に駆《か》り立てているのではないかと思います。このさみしさがなかったら、だれも人とつながろう、人と何かをしよう、そして人のために何かをしようと思わなかったかもしれないし、とっくに人類は滅《ほろ》びていたかもしれません。

あなたがそのさみしさに気がつき、それについて考えるのはとても大事なことです。キツイことも多々ありますが、人生を豊かにしてくれます。ぜひ自分なりのさみしさとの付き合い方をいろいろ工夫してみてください。

あなたが自分以外のだれかのさみしさも、わかってあげられる大人になってくれたら、回答者としてとてもうれしいです。

玄侑宗久さん

じつは大人の私でも、ときどきそんなふうに感じることがあります。頭では、人は誰も他人の気持ちなどわからない、とは思うのですが、そんなことはわかっているけどさびしいんですね。

きっとそんなときあなたは、自分のことがあまり好きではないんじゃないですか。自分のことが好きかどうかなんて、普段《ふだん》はあまり考えないと思います。人は誰でも、自分のことが一番かわいいわけですし、無意識のうちに自分に都合がいいようにいろんなことを解《かい》釈《しゃく》していますね。しかしそのことと「自分が好き」というのは違《ちが》うんですね。

自分が好き、というのは、たぶん「自信をもつ」ことにも通じています。自信がない原因は人それぞれでしょうが、ここでは理由に関係なく「自信をもつ」方法をご紹介《しょうかい》しましょう。それは何か得意なことがあるとか人と順位を競って勝つというようなことではありません。自信というのは、じつは何の根拠《こんきょ》もないままもてるものなのです。

まずは自分の姿を点検してみてください。首が垂れ、背中は丸まって、胸郭《きょうかく》も小さくなってはいませんか。そうなった原因はさておいて、ともかく背筋を伸《の》ばし、胸を拡げて、ゆっくり息を吐《は》き出してみてください。そしてそのとき頭の中にたちこめていた雲が流れて青空が見えてくる様子を想像してみるのです。青空こそが元々のあなたです。一時的な感情の澱《よど》みが雲になって光を遮《さえぎ》っていただけなのです。

できるだけリアルに雲と青空をイメージしてください。これはあくまで想像なのですが、実際に目で見たときに脳に起こる変化と何も変わりません。イメージングによるこうした体験を、瞑想《めいそう》と言います。

とくにこの「青空瞑想」を繰《く》り返し行なうと、根拠のない不安やさびしさが次第に根拠のない自信に変化していきます。自信に現実的な裏付けがあるとは限らず、じつは「自信ありげ」なイメージと姿勢を作るだけでも叶《かな》うものだったのです。

自信ありげな身心の状況《じょうきょう》をそうしてまず作ってみて、充実《じゅうじつ》した「ひとり感」を味わってみてください。もしそれでもさびしさが残っているようなら、それから本格的に泣いたりさびしがったりしてください。

要は、悲しいから泣き、嬉しいから笑うばかりじゃなく、泣くから悲しくなるし笑うから嬉しくなる。さびしい姿勢がさびしさを招き寄せるという考え方もあるということです。

夢や目標がなくて焦る

ぼくには夢や目標がありません。中学校では帰宅部だし、熱中できる趣味《しゅみ》とかもないです。このままでいい気もするけど、周りのみんながキラキラしているように見えて、焦《あせ》ることもあります。ぼくは、どうしたら変われるんでしょうか。(男性)

芝田勝茂さん

変われない。変わろうと思っても、人間はそんなにかんたんに変わることはできない。今、きみは変われない。でも、この先、きみが今のままかどうかはわからない。変わるときには、何かが起きる。何か、っていうのは、強烈《きょうれつ》なショックの場合もあるし、自然にそうなっちゃうこともある。

ある作家は、野球場で、外国人の選手が二塁打《にるいだ》を打ったときに「そうだ、作家になろう」と思ったんだって。そんなようなことかな。

わたしは、キラキラしてはいなかったけど、若いころは、なんだかたいへんで、嵐《あらし》の海で荒波《あらなみ》にもまれつづけるようだった。じぶん自身で求めて、荒海《あらうみ》にこぎ出したんだから、仕方がないよね。

それからわたしは会社員になり、貧しくてもふつうの生活を送るようになったんだけど、特に夢も目標も必要ではなかった。もう、そんなものにむかって何かをはじめたり、たたかうことに疲《つか》れたんだ。そしたら、ある日、あるひとから「子どもむけの話」を書いたらどう、と言われた。その日の夜から、書きはじめた。

いま、きみに夢や目標がないんだったら、それでいいよ。キラキラしてるひとだって、最初からキラキラしてるわけじゃなくて、きっと、たまたまそういう出会いがあったんだと思う。それに気づいたひとだと思う。でも、気づいてよかったかどうかは、だれにもわからない。ただ、必死にやってるだけなんだろう。

きみは、変わらなくてもいいといったけど、お願いがある。

情けないじぶんを見たくないからといって、キラキラしてるひと、いっしょうけんめい何かにとりくんでいるひとをうらやんだり、じゃまをしないでほしい。キラキラしてるなあ、って素直に思って、いってくれると、きっとそのひとも、元気がでると思う。

だから、おそらく、大切なことは、世の中を、いろんな人間を、すなおに見つめることができるかどうか、じゃないのかな。ねたんだり、うらやむんじゃなくて、ありのままのそのひとを、しっかり見つめることができるかどうか。そこからすべてがはじまるような気がする。

でもね、何かがはじまったら、それはそれでたいへんだぞ。

きみが何かをはじめたら、きみはきっとキラキラするけど、そのとき、キラキラしてるかどうか、なんてちっとも気にならない。ひとは笑うかもしれないけれど、ほんとにたたかってると、そんなことは気にならない。そんなひまは、ないんだよ。

那須正幹さん

いまどきの中学生で帰宅部というのは、珍《めずら》しいですね。きみはよほど意志の強い人なのでしょう。中学生はどこかの部活に所属するというのが常識です。だからほとんどの生徒はどこかのクラブに所属するわけですが、選び方は、かなりいい加減です。もちろん絵を描《か》くのが好きだから美術部に入るとか、歌が歌いたいから合唱部という風に、自分の好きなクラブに入る人もいるけれど、それはごく少数で、部活に入らないといけないから、仕方なく入るというのが大部分です。つまり部活に入ることで自分の居場所を確保したいというだけのことです。夢や希望を持っているような顔をしていても、ほとんどは惰性《だせい》で学校生活をしているだけかもしれません。

きみの場合は、入りたいクラブがなかったから、入らなかっただけのことで、しごく当然の結論なのでしょうが、それは、よほどの意志がなければできないのが現状ではないでしょうか。

ところで授業が終わり、早々と帰宅した後、きみは何をしているのですか。趣味《しゅみ》もなく何事にも興味が持てないとなると、家の中でゴロゴロしているのでしょうか。まあ、それも悪くはありません。現代人は常に時間に追われて、何もしないで過ごすことを忘れています。たっぷりぼんやりしなさい。

ただ、家の中だけで過ごすのは健康のためにもよくありません。外に出て、ぶらぶら散歩してみてはどうでしょう。表に出れば、いやでも様々な風景や出来事にぶつかります。道を歩く人もいろいろです。そうした人や物事に触《ふ》れることで、きみは世の中を知ることができます。あるいは公園や野山を歩いてみることで自然に触れることになります。

学校もそうです。きみにとって学校はあまり楽しいところではないかもしれません。でも、とにかく通いなさい。通学路で学ぶことも多いし、校内での出来事に触れることで、人間を知ることができます。好きなことや熱中できることも、そのうち向こうからやってきますから焦らずそれを待ちましょう。

友がみなわれよりえらく見ゆる日よ　花を買ひ来て妻としたしむ

石川啄木《いしかわたくぼく》の歌です。啄木のような大歌人《だいかじん》でも友のほうが偉《えら》く見えたんですから、きみがそう思うのはむりないですよね。

第二部

人間関係に悩んだとき

三　学校のこと

いじめっこに復讐したい

ある日、理由もなく数人のクラスメイトから無視されるようになりました。徐々《じょじょ》にエスカレートして、最近では持ち物を壊《こわ》されるだけでなく、目立たないところを殴《なぐ》られたりもしています。誰も助けてくれないし、親にも先生にも相談できない。死んで復讐《ふくしゅう》してやろうかと考える夜もある。理《り》不尽《ふじん》だし、悔《くや》しい。（男性）

冲方丁さん

いじめは、一刻も早く周囲に話すことでしか解決しません。相談相手が多ければ多いほど、いじめは止まりやすくなります。

なぜでしょう？　相手は、あなたをいじめることに加え、誰《だれ》かをいじめてもバレないことが楽しいのです。そしてそうした楽しみは、大人でも味わおうとする人が大勢います。セクハラ、パワハラなど、学校のいじめと変わりません。

いじめる人間は、バレないこと、誰にも止められないことで、自分は力を持っている、いじめられている人間よりも自由に、気分良く生きていられる、と感じるのです。もしいじめている相手が、自殺してしまったとしたら？　きっと、自分には人の命を奪《うば》う力があるのだと満足するでしょう。

本来、そんな卑怯《ひきょう》な人間のほうがおのれを恥《は》ずべきです。いじめられるほうが自分を恥じる必要はありません。ですが、あたかもあなたのほうが、みっともなく恥ずかしい状態であるかのように思い込《こ》ませるのも、いじめの特徴《とくちょう》です。大人ですら、そのせいで黙《だま》って隠《かく》し、辛《つら》さのあまり自殺することもあるのです。誰かに話すことには、勇気がいるでしょう。いじめを隠そうとする人々に負けてしまいそうになるかもしれません。

ですが、ひとたび話してしまえば、なんだこんなものか、と呆気《あっけ》なく思うものです。私も、そうでした。そして、いじめの事実を大勢が知れば、今度はいじめていたほうが周囲から責められることになります。

話すことができる人ほど、本当の力を得るのです。告発する、訴《うった》える、声を上げる。そうしたことができる人こそ、誰よりも強く、誇《ほこ》りを持ち、本当の自由を手に入れられるのです。

恥ずべき人々が誰であるか、あなたの口から、周囲に伝えて下さい。親に、友人に、先生に、ありとあらゆる人々に。あなたは何も遠慮《えんりょ》することも、恥じる必要も、怯《おび》える必要も、ありません。

バレないことを楽しむ人たちは、自分たちが悪いことをしているとわかっています。あなたはただ声を上げ、卑怯で恥ずべき人々がいるということを、周囲に告げればいいのです。

きむらゆういちさん

イジメに関して思うことが三つある。

ひとつめは、もし道で殴られたり、おどされたり、物を盗《と》られたりしたら当然犯罪なのに、これが学校内で行われるとなぜイジメという一言で終わってしまうのか。

ふたつめは、アメリカでインディアンや黒人を、オーストラリアでアボリジニーを、ドイツでユダヤ人を、日本では被差別部落《ひさべつぶらく》の人々を、というように人類の歴史はイジメ（差別）の歴史であるのに、なぜ学校側はうちにはイジメはないなどと簡単に言えるのか。

みっつめは、一番悪いのはイジメた奴《やつ》らなのに、なぜ世間はイジメた者への非難より管理者である学校の責任ばかりに目を向けてしまうのか。

さて、これらをまとめると、人は集団になると優劣《ゆうれつ》をつけたくなり、自分は他人より上と思いたい心理が働く。それが歴史にも現れ、民族が違《ちが》う、肌《はだ》の色が違う、どこかみんなと違う、他の奴よりつけこみやすいなど、理不尽な理由で優越《ゆうえつ》感を得ようとする愚《おろ》かな本能があるということがわかる。

しかし社会においてはこの本能を理性でコントロールしなくてはならない。だから学外ではイジメた者が犯罪者となり、学内ではまだ子供ということで管理者にその責任がいく。

つまり、イジメられる側には何の責任もないということだ。

しかしイジメられる側にとっては、自分の存在価値が認められず、プライドがめちゃくちゃに踏《ふ》みにじられ、毎日出口のない仕打ちが続き、こんなことなら死んで復讐してやろう！　なんて一瞬《いっしゅん》でも思ってしまう。

そこでどうするか。私ならこう思うことにする。

「そんなプライドなんてなんぼのもんじゃい。中身がないからこそイジメで優越感を感じようとするくだらない奴らのために大切な物を捨てるほどバカじゃない。本当のプライドは何があっても生きぬくことじゃあ」と。

それでも相手が犯罪の域に達するまでの行為《こうい》に及《およ》んだ場合は警察に被害届《ひがいとどけ》を出そう。日付つきでされたことのメモをとっておくことを忘れずに。

ところでもうひとつ。人生は長い。今は世界の全てが地獄《じごく》だけど、ここを通り過ぎてふりむいたら金魚鉢《ばち》の中での出来事なのだ。

この経験がきっと役に立つ時がくると思おう。くやしさをエネルギーにしてためられる、弱者の気持ちが理解できる人になれる、などだ。かくゆう私も想像の中で何度イジメっこたちをやっつけたことか。その想像力が今作家として役に立っているのかもしれない。

親友を裏切ってしまった

親友がいじめられています。最初は女子のＬＩＮＥグループで軽い嫌味《いやみ》を言われる程度だったのが、今では完全にハブられて孤立《こりつ》してしまっています。私は悪口こそ言わないけれど、自分がハブられるのが怖《こわ》くて傍観《ぼうかん》することしかできません。どうすればよかったのでしょう。親友を裏切ることになりつらいです……。（女性）

宇野和美さん

親友がいじめられているのを見るのはつらいね。でも、あなたがそんなふうに悩《なや》んでいることは、それだけでとても貴重なことだよ。「無関心ではない」ということだから。「どうでもよいことではない」と思うことは、ものごとを変えていく第一歩だ。

どうすればよかったのかという質問だけど、今からでもやれることがあると思うな。ひとつは、記録すること。親友が実際、どのようなことを言われているか、されているか、目撃《もくげき》したときに記録しておこう。ＬＩＮＥなどＳＮＳなら、ひどい言葉が書きこまれた画面を保存しておくだけで、立派な証拠《しょうこ》になる。いじめの現場に居合わせたなら、「いつ」「どこで」「誰《だれ》と誰から」「何を言われていたか、されたか」「誰が見ていたか」などをメモしておこう。校内であることすべてを先生は把握《はあく》できるわけじゃない。学校で何か動きがあったときに、客観的な事実である証言は解決のための貴重な糸口になる。

いじめがあることを、親や学校に告げるのは気がひけるだろうけど、あるアンケート調査によると、相談したことでいじめの状況《じょうきょう》が改善したと答えた人は七割近くにのぼるらしい。家庭や学校で相談できないときは、相談窓口を持つ「ストップいじめ！ナビ」(stopijime.jp)のような団体に頼《たよ》るといい。この団体は、いじめに関して役立つ情報をたくさん発信しているから参考にしてごらん。いじめがあると、あなただって学校が楽しくなくなるから、なくそうと思うのは恥《は》ずかしいことじゃない。なので、もしも決心がついたら証拠を手に、勇気を出して信頼《しんらい》できる大人に相談してみよう。今のままじゃいやだと思っている人は、きっとあなただけじゃないよ。

もうひとつ、できるといいなと思うのは、「何も言えないけど、心配しているし応援しているよ」ということをどこかで親友に伝えること。中学生のとき、私もいじめにあった経験があるけれど、クラスメイトの一人がそっとかけてくれた言葉にとても救われた。孤立無援《むえん》と思っているときに、自分の側に立っている人がいるとわかるだけで心強いものだ。それには、普段《ふだん》からメールやSNSではなく、直接顔を合わせる生身《なまみ》の関係で、クラスメイトを知り、信頼関係を築いておくことも大切だ。分断していく負の連鎖《れんさ》ではなく、おたがいを尊重しあうポジティブな輪を広げていけるといいね。

越水利江子さん

少女時代、私もいじめにあいました。クラスの男子二人に徹底《てってい》的にいじわるされたのです。その男子二人は、女の子ならだれでもいじめましたが、そのいじめ方は色々でした。単に机に落書きをする程度のいじめもあれば、ぶつかったり、叩《たた》いたり、悪口を言いまくるような徹底的ないじめもありました。私は徹底的にいじめられた方で、しょっちゅうわざとぶつかって来られたり、足を踏《ふ》まれたり、悪口を言いまくられたりしました。

その頃《ころ》の担任の先生は、自分が気に入った子にだけ優しくする人で、私は気に入られていませんでした。

けれど、その時、こっそりだけど、仲良く遊んでくれる友だちがいました。その子も気弱な子で、面と向かって、いじめに抗議《こうぎ》したりなんかはできませんでしたが、ただ一緒《いっしょ》に遊んでくれる子がいたことだけで、私は救われました。また、先生からは、不良だと呼ばれていたけれど、いじめに加担しない男子がいてくれたことも救いでした。この男子、青木君のことは『風のラヴソング』という本に書いています。

あの頃は、今のようにLINEでいじめられるようなことはない時代ですが、子どもの心のありようだけは今も変わっていないと思います。

物語を書く中で出会ったのは、クラス中からのいじめにあった子でした。その子が言っていました。いじめる子がいても、普通《ふつう》に接してくれる子がいれば、傷ついた心はすこしずつ癒《いや》されて立ち直れると。

友だちがいじめられた時、助けてあげられたら最高ですが、そんなふうに、たくましくて強い子ばかりとは限りません。子どもは傷つきやすく、繊細《せんさい》なのです。だからこそ、子どもは、友だちの辛《つら》いことを感じ取ったり、どうしたら、友だちをなぐさめることができるかを学習して成長するんです。そんな時に、自分がいじめにあうかもしれないような、無理な勇気なんか持たなくていいのです。子どもには、子どもだけの優しさや勇気があるんです。こっそりでもいい。仲良くしてあげて下さいね。

親の都合で部活をやめさせられそう

中学に入ってから、ずっと野球部で活動してきました。しかし、父が職を失い、家庭の状況《じょうきょう》が変わりました。学校には通わせてやれるけど、部活はあきらめてほしいと言われています。お金がかかるのはわかるけど、友だちだっているし、親の都合で部活をやめたくない。ぼくはどうしたらいいですか？（男性）

木内昇さん

子供の頃《ころ》、どうしようもなくピアノが弾《ひ》けるようになりたかった時期がありました。でも経済的な事情でピアノを買ってもらうことも、習いにいくこともできませんでした。そのときは諦《あきら》めたのですが、中学、高校と進んだとき、同級生が気持ちよさそうにピアノを弾くのを見ると、ときどき胸が痛んだものです。

あなたが今、野球を続けられるか否かの岐路《きろ》に立っているのは、誰《だれ》のせいでもありません。お父様も好きで現状を迎《むか》えたわけではない。あなたはそれを理解しているから、どうしたらいいだろうか、と相談してきてくれました。それ自体、素晴らしいことです。困難におちいったとき、誰かやなにかのせいにするのも、諦めて腐《くさ》るのも簡単なこと。それをせず、困難を打開する道を見出そうと切り替《か》えたあなたを、とても尊敬します。

誰しも、すべての希望をかなえられるわけではありません。でも、かつて望みを手放したことで小さなしこりが残った私としては、どうか野球を続けていただきたい、と願わずにはいられません。あなたの部活の程度や環境《かんきょう》をなにも知らない中でこんなことを言うのは無責任かもしれませんが、周りの友達や大人たち、先生をできるだけ多く巻き込《こ》んで、野球を続けられる道を探ってほしいのです。

私の学生時代にもあなたと同じ環境の友人がいましたが、部費免除《めんじょ》を願い出て、用具も先輩《せんぱい》からもらいうけ、レギュラーとして活躍《かつやく》していました。補助金など活用できる手段があれば頼《たよ》るのもいいでしょう。まわりに助けを請《こ》うことは、けっして恥《は》ずかしいことではありません。あなたのように前向きな姿勢であればなおさらです。

そしてこの経験は、あなたの将来に必ず役立つはずです。社会に出ると、自分が招いたわけではない困難に見舞《みま》われることが往々《おうおう》にしてあります。それを跳《は》ね返す力をあなたは今、つけている過程なのだと思います。

もうひとつ、あなたの素晴らしいところは、「どうしてもやりたい」と思える好きなものがある、ということ。心から好きなものに出会うのは簡単なようで難しく、一生巡《めぐ》り会えない人もいる。きっとあなたは好奇心《こうきしん》や探究心を備えているのでしょう。それはいずれも道を切り拓《ひら》くのに大切な才能です。

ちなみに、私の別の友人は、受験勉強で視力が落ち、高校入学時に眼鏡《めがね》が必要になりました。が、親御《おやご》さんに言うと「金銭的にそんな余裕《よゆう》はない」と却下《きゃっか》。彼《かれ》はみなに事情を話し、席替えのたび一番前に座りました。そのせいか成績は常にトップ、志望の大学に入学し、今や新聞記者になりました。彼が高校三年になって、はじめて眼鏡をかけてきたとき、クラス中から拍手《はくしゅ》が起こったものです。

一見困難に思えることは、けっして悪いことばかりではない。前を向いて堂々としていれば、必ず人を成長させる糧《かて》になるのです。

浅田次郎さん

まず自問してください。

どれくらい野球が好きなのか、どれくらい情熱があるのか、と。

ポイントはそこです。「ずっと野球部で活動してきた」から、「友だちだっているし」は、部活を続けるかどうかの正当な理由にはなりません。

野球が大好きで、情熱を傾《かたむ》けているのであれば、やめてはいけないということです。一生の悔《く》いが残ります。冷静に考えて自信があるなら、ご両親に頭を下げて、続けさせてくれるよう頼《たの》みなさい。学校の担任にも顧問《こもん》の先生にも洗いざらい打ちあけて、「野球は好きだがお金が出せない」と言いなさい。

もしそうしたことが恥《は》ずかしくてできないのなら、あなたはそれほど野球が好きではなく、情熱も欠いているのです。つまり、おとうさんおかあさんの要望通りに野球部をやめても悔いは残りません。

「不退転《ふたいてん》の決意」という成句があります。「不退転」は仏教用語で、「厳しい修行において怠《おこた》らず退かないこと」。転じて、「何事にも屈《くっ》しないこと」をさします。人生においては何度か、この決意を抱《いだ》かねばならないときがあります。

ただし、正当な理由がない「不退転の決意」は、ただの「わがまま」でしかありません。

さあ、もういちど考えてみましょう。どれくらい野球が好きなのか、どれくらい情熱を燃やしているのか、と。そして自信があるのなら、誰《だれ》に何を言われようがけっして野球をやめてはなりません。それが「不退転の決意」です。

それからもうひとつ。ご両親の子どもであるあなたが、「親の都合」などという言葉を使ってはなりません。ここはせめて、「家庭の事情」として下さい。親を尊敬せよなどという古くさい考えではありません。これからの人生でさまざまの不幸にみまわれたとき、「親の都合で生まれてきた」などと思ったら最後、そのとたんにあなたは生きる力を失います。

私の中学生生活は読むことと書くことに埋《う》めつくされていました。授業もほっぽらかしで本ばかり読んでいましたが、好きだったのだから仕方がないですね。たとえ小説家になれなかったとしても、不退転の情熱を傾けた学生生活を悔やんではいないはずです。

私だけスマホを持ってない！

中三になり、新しいクラスで、新しい友だちができました。さっそく連絡先《れんらくさき》を交換《こうかん》しようとなったのですが……そのグループで自分だけがスマホを持っていない！　少し引かれた気がするし、話題についていけなくなるのが怖《こわ》い。親は高校生になったら考えてもいいと言うけど、今すぐほしい！　どうしたら説得できますか？（女性）

加藤純子さん

スマホ保有率が高まるなか、中三でスマホを持っていないというのは取り残された気持ちになりますよね。それも一方的に親に言われているのだったらなお抵抗《ていこう》もあるでしょう。こうした社会だし登下校の途中《とちゅう》だって何が起きるかわかりません。そんな時にスマホを持っていればすぐに「一一〇番」できたり親に連絡したりできるわけです。ましてや仲良しになったばかりの友だちと連絡し合うのにスマホがないとなると、みんなから取り残された気持ちになるのはよくわかります。

では親はなぜ、そう言うのでしょうか。今度は親の気持ちについてちょっと考えてみましょう。いまはインターネットから簡単に犯罪につながっていける時代です。自分はその気はなくてもネット上で甘《あま》い言葉を投げかけられ「会いましょう」と言われ、とんでもない事態に発展したり……。ひどい場合にはそれが殺人につながっていった事件もあります。我が子をそんな目に遭《あ》わせたくないと願うのが親心です。携帯《けいたい》電話会社もそうした状態に備え、子どもたちのネットトラブル予防のために「フィルタリングサービス」というのをやっています。そうしたことを親子で話し合ってみたらどうでしょうか？　スマホを買う時に携帯電話会社に設定してもらうだけでいいのですから。変なサイトに行かないように「制限付きモード」や、「YouTube Kids」の導入などをしてもらえば、より安心です。

でもこうしたシステムでも犯罪やいじめなどからの完璧《かんぺき》な防御《ぼうぎょ》はできません。例えば、いま、かなりの人たちがやっているＬＩＮＥ。面と向かってしゃべるのではなくネットの上で、特定の人たちとおしゃべりをする。スマホを持って仲良しの人たちとＬＩＮＥをします。メッセージが届いたので読むと「既読《きどく》」になります。そうするとすぐに返事をしないと「スルーかよ」と相手が気を悪くする。自分だけ仲間はずれにされる……。そう思うと何をしていてもスマホが手放せなくなります。

大切なことはあなたたちがきちんとした自分を持つこと。スマホに流されず、安易にLINE友だちにはならずに「親に使う範囲《はんい》を限定するって約束しているから」と親を利用してもいいのです。とにかく自分を守るのは自分。生きていくのに大切なのは自分をしっかり持つこと。それを忘れたら大変なことがスマホを持ったその先に待ち受けているかもしれないと、そのことを自覚することです。

古谷経衡さん

実は私も、全く同じ経験をしました。あなたは知らないと思いますが、私の中学生時代（一九九〇年代中盤《ちゅうばん》）には、スマホではなく、ガラケーでもなく、PHS（通称《つうしょう》ピッチ）というのが普及《ふきゅう》しました。クラスの友人と仲良くなった場合はピッチの番号を交換します。ピッチは通話だけではなく、現在で言えばショートメールのようなものを送受信する機能が備わっていました。現在では考えられないことですが、このメールを一通送信するのに二〜三円、受信するのに一〜一・五円というお金がかかりました。メールを送るのも、受信をするのにもお金がかかった時代でした。しかし、みんなこれでやり取りをしていました。私だけがピッチを持っていない。私は親に直談判《じかだんぱん》をしました。その詳細《しょうさい》は以下の通りです。

現在の情報化社会において、中学生でもピッチがないとコミュニケーションが取りにくいということ。そして「家族全員で契約《けいやく》」すれば、新規加入でも大幅《おおはば》な割引が受けられること。この二点です。私の両親は、前者よりも後者に食いついたようで、私の説得に折れ、親用のピッチと私専用のピッチを二回線購入《こうにゅう》させることに成功しました。

あれから二十五年近くの時間が経過しました。ピッチは現在、その利用自体が廃止《はいし》される見込《みこ》みとなっており、ほとんどのティーンエイジャーはスマホを保有するのが当たり前になっています。そして現在のスマホは、ゲームや検索《けんさく》、動画の視聴《しちょう》、電子決済などピッチ時代では考えられなかった機能が付き、もはや「通信だけの道具」ではなくなっています。このことを念頭に、あなたには当然、スマホを持つ権利が与《あた》えられてしかるべきです。

しかしあなたは未成年なので、親の同意なしにスマホを契約することはできません。どうしたらよいか。「新しくスマホが欲しい」のではなく、「親の保有する回線をもう一つ増やしてほしい」という「増設」の提案をしてみてはどうでしょうか。

携帯《けいたい》電話会社各社では家族割引というのを実施《じっし》しています。子供が新規にスマホを持つ、というと抵抗《ていこう》感のある親は正直少なくありません。

しかし「増設」なら、受ける印象は全く違《ちが》います。増設は新設とは全く違う概念《がいねん》です。親が持っている既存《きそん》の回線に一回線を増設してほしい（家族割適応）、とお願いすれば、その増設される一回線は親の管理下にあるというイメージが強くなります。そのかわりあなたは、スマホのキャリア（通信会社）を選択《せんたく》する権利はありません。親が持っているスマホと同じキャリアのスマホをもう一台持つことになりますが、とにかくスマホが欲しいのでしょう？

親だけが制御《せいぎょ》できる機能が付いた「子向け」のスマホが出ていますから、まずは親が契約しているスマホのキャリアの店舗《てんぽ》に二人で行くことです。後はほぼ流れに従って店舗の人が手続きをしてくれます。あなたがなすべきことは、説得と当時に、店舗の窓口に一緒《いっしょ》に行こう、と親を「勧誘《かんゆう》」することです。

もう一回、学校に通えるようになりたい

中二の終わりに親の都合で転校しました。新しいクラスの雰囲気《ふんいき》になんとなくなじめず、一週間ほどで学校に通わなくなりました。ひきこもるようになってもう二週間。家にいると親もうるさいし、通いたい気持ちはあるんです。どうしたら通えるようになりますか？（男性）

落合恵子さん

二〇一九年の六月に出た本を読んでいたら、「あ、この言葉、あなたはどう思うかな？」と突然《とつぜん》思った一節に出会いました。あなたより少し年下のひとたちを主な読者層として書かれた本ですが、本はもともと年齢《ねんれい》制限なしのメディアだと本屋のわたしは考えます。タイトルは『あらのはたけ』（村中李衣《むらなかりえ》作、石川《いしかわ》えりこ絵、偕成社）。横浜《よこはま》に暮らすエミという名の女の子と、山口県に引っ越《こ》したかつての同級生えりとの手紙のやりとりを通して、タイトルにもあるような、たくさんの「あらら」（発見や驚《おどろ》き、自分の外や内側に

も）が登場する本です。

えりたちは山口で「じいちゃん」と暮らしていますが、このじいちゃんが凄《すご》い。畑や生きものに関してプラクティカル（実践的《じっせんてき》）な知恵《ちえ》や知識を持ちながら、実に哲学的《てつがく》なのです。

じいちゃんは、雑草と呼ぶものに対して、次のように言います。

「雑草はふまれるとな、いっぺん起きあがるけど、もういっぺんふまれたら、しばらくはじいと様子見をして、ここはどうもだめじゃと思うたら、それからじわぁと根をのばして、べつの場所に生えかわるんじゃ」

最初に居た場所でなにがなんでも「頑張《がんば》りましょ！」ではないのです。頑張れなくても、「負け」でもないのです。しばらく「様子見」をして、だめなら別の場所に根を伸《の》ばせばいい、と言っているのです。

「居場所がえ」は容易《たやす》いものではありませんし、ひとの場合は面倒《めんどう》な手続きを必要とするし、いろいろなひと（家族とか）を巻き込《こ》むこともあります。が、「あ、こういう居場所がえ、ありなんだ！」と受け入れることで、らくになる場合があるのでは？

現実にそうするかどうかは別として、当てる光の角度を変えてみると、違《ちが》った景色が見えてきます。

新しいところに馴染めない感覚、「靴擦《くつず》れみたいな」状態は、わたしにも経験があります（実はいまでもそうです）。実際、中学三年から高校一年のある時期がそうでした。学校に行かないという方法は思いつかず、一か月か二か月ぐらい学校ではひとりで本を読んでいた記憶《きおく》があります。誰《だれ》かが声をかけてくれたのか、わたしから声をかけたのかいまはもう思い出せませんが、いつの間にか、「友だち」とは未《ま》だ呼べないまでも、「なんとなく話せる」ひとができていました。

いつも思うのです。ひとつやふたつではなく、ひとには（年代に関係なく、そしてひと以外の生きものでも）いろんな「居場所」があるといいのに、と。それを作っていくのも、わたしたちの「仕事」かもしれません。

吉岡忍さん

少し前、「KY」っていう言葉が流行《はや》ったことがあったんだ。周囲の空気を読むとか、読めないとか、そんなキャラのこと。転校先のクラスの雰囲気になじめないって、きみは空気しか読んでないんじゃないかなあ。

ちょっと考えてほしいんだけど、毎日毎日、同じようなことを繰《く》り返している学校に転校生が入ってきたら、みんな、興味津々《しんしん》だよ。きみにとって向こうはまだ空気や雰囲気のようなものかもしれないけれど、向こうにとってのきみは一人の転校生、生身の、物珍《ものめずら》しい生き物みたいなもので、いちばん注目を集めている存在なんだよ。まずそのことに気がついてほしい。

ひきこもって二週間くらいなら、まだはっきり覚えていると思うけど、クラスにはA君、Bさん、C君、Dさん……いろんな生徒がいたはずだよ。Yさんはかわいいけど、いつも一拍《いっぱく》ずれているとか、X君は体も声もデカいくせに、授業中はおとなしく縮こまっているとか。クラスの雰囲気なんて大雑把《おおざっぱ》なことを言っているうちは、そういう一人ひとりの姿が見えていないということじゃないかな。

さて、少ーし一人ずつの特徴《とくちょう》を思い出したら、きみはメモを取らないといけない。一人ずつ、何を言ったか、そのときのしぐさや表情はどうだったか、まわりはどう反応したか……気がついたことをどんどんメモに書く。書くときのコツは、例えば前の学校の友だちに電話して、「こんなヤツがいてさ、ちょっとこわもてだけど、案外いいところもあってさ、こんなことがあった」と、相手にもありありと思い浮《う》かべられるように具体的であること。

でも、一週間しか通わなかったとすれば、とてもクラス全員のことは思い出せないかもしれない。それでもメモを見たら、わかることがきっとある。簡単なことだよ。空気とか雰囲気とか、よくわからないものにしか見えなかったクラスが、本当は一人ひとりバラバラ、たいしてまとまっていないことがわかってくるはず。集団なんてそんなもの。でも、それは悪いことじゃない。別々であることは、人が独り立ちしていくための最初の一歩だからね。

さあ、これで学校へ行く理由ができた。クラスの雰囲気になじむために行くんじゃないよ。きみが見落としていた級友も含《ふく》め、一人ひとりの特徴をもっと詳《くわ》しく観察するために行ってみるんだ。そして、今度はきみからそれぞれの特徴に合わせて、さり気なく話しかければいい。自分は何が好きで何が得意か、どんなことを考えているか、何をしたいか。これも相手にわかるように具体的じゃなくちゃいけない。

えっ、そんなもの、まだないって？　うーん、困ったね。それは不登校やひきこもりの問題じゃなくって、きみ自身の問題だからなぁ。

部活の顧問の先生が気持ち悪い……

陸上部です。部活の顧問《こもん》の先生のスキンシップが激しすぎます。本当に気持ち悪い。廊下《ろうか》ですれ違《ちが》うたびに肩《かた》やお尻《しり》を叩《たた》かれるなんて日常茶飯事《さはんじ》で、部活のストレッチ中に抱《だ》きつかれたこともある。本当に気持ち悪いからやめてほしい。(女性)

浜田桂子さん

胸がムカムカしてきました。陸上部の顧問の先生があなたに行っていることは、許されない人権侵害《しんがい》です。あなたの尊厳を傷つける性的虐待《ぎゃくたい》であり、犯罪行為《こうい》です。あなたにまったく責任はありません。

「気持ちが悪いのでやめてください」と、先生に言ったことはありますか?「それができれば苦労しないよ」ですね。それでも、あなたは「やめてください」と言っていいし、その権利があります。

顧問の先生は、あなたが悩《なや》んでいることなど、針の先ほども感じていません。それどころか、「自分は生徒と対等に付き合える教師」と思っています。また、なぜあなたが「やめてください」と言えないのかも、わかっていません。

学校は絶大な力を持っています。成績や行動、クラブ活動など、すべての評価の権限は教師がにぎっており、「良い生徒」かそうでないかは学校が決めます。そんなことを考えると、「先生との関係をこわしたくない」と思ってしまいますよね。

しかしこういう先生は、自分が権力者であることを自覚していません。からだにさわるのは、生徒への励《はげ》ましぐらいに思っています。この感覚の決定的なズレが、大きな問題です。

二〇一三年に文部科学省は、「運動部活動での指導のガイドライン」を出しています。そのなかで「指導に当たって身体接触《せっしょく》を行う場合、必要性、適切さに留意することが必要です」と強調しています。つまり「必要がなければ生徒にさわってはいけない」と公表しているのです。顧問の先生の意識が、どれだけかけ離《はな》れているか、ということです。

私の心はずしんと重たいです。学校は、子どもの人権がもっとも守られるべきところなのに、そうなっていない現実に。あなたに、「大丈夫《だいじょうぶ》。ここに連絡《れんらく》して。解決してくれるよ」と伝えられるような、学校外部の専門家によるサポートシステムを作ることが急務です。文部科学省は、性被害《ひがい》にあっている生徒の全国実態調査をするべきです。

あなたへの行為は、一刻も早く止めてもらわなければなりません。エスカレートする危険性があります。決して、密室で二人だけにならないでください。できるだけ早く、信頼できる大人に相談してください。どんなことをされたか、メモを残してください。あとで証拠《しょうこ》になります。各地の弁護士会には、電話による相談窓口があります。専門の弁護士が相談にのってくれます。

残念なことですが、私たちの社会はセクシャルハラスメントにとても鈍感《どんかん》です。そのことに、大きな責任を感じています。「あってはならない犯罪」として、私も微力《びりょく》ですが声をあげていきます。

納得できないルール

大人が決めた意味不明な校則を、なんで守らないといけないの？（女性）

松原秀行さん

ぼくが通っていた中高一貫《いっかん》の私立男子校は独自の教育方針があって、そのため一風変わった校則がいろいろあった。「登下校時にほかの生徒と行き交ったときは帽子《ぼうし》を脱《ぬ》ぎ声をだして挨拶《あいさつ》する」とか。「二時間目の授業が終了《しゅうりょう》したら季節を問わず校庭で上半身裸《はだか》になってラジオ体操する」とか、ね。当時はもう慣れっこになっていたけれど、今にして思えばはっきり理不尽《りふじん》としかいいようがない。だって真冬の裸体操は寒すぎるもの！

まあ、それはちょっと特殊《とくしゅ》な例として、ではほかの学校の場合はどうか。どんなに理不尽で意味不明な校則があったのかと知り合いにたずねてみると――。「男子は五分刈《が》り。指で挟《はさ》んで毛がはみ出した者は職員室でバリカンで刈られる」「女子のスカートはひざ下5センチ。それより長くても短くても不可」「便器は素手で磨《みが》く」「腕《うで》時計禁止」などなど。

うーん、ホントに意味不明だ。「便器は素手で」って……なんでそんなことしなくちゃならないのかと、首をかしげたくなるよね。

これだけじゃない。校則関連の本で調べてみたところ、服装や髪型《かみがた》の細かい規定にはじまり「恋愛《れんあい》ダメ」「SNS禁止」など、この時代に「そんなのあり？」と納得のいかない校則――「ブラック校則」は全国に多数ある。

じゃあどうするか。納得できないから守らなくていいのかというと、そうもいかない。校則違反《いはん》ということで、指導や罰則《ばっそく》を受けてしまう。「生徒のため、よりよい教育環境《かんきょう》のため」という名目があれば、意味不明な校則でもまかり通ってしまうのが現状だからだ。もっとはっきりいえば、「生徒というのは学校が管理して、指導するもの」という、上から目線の頑《かたく》なな学校がいまだに多いのだ。

そんななか、数年前、「校則をタテにもともと茶色い髪《かみ》を黒髪に染めることを強要された」と、女子生徒が大阪府《おおさか》を訴《うった》える案件が発生。これによりブラック校則がにわかにクローズアップされ、大阪府では各校における校則の見直しが起こった。拍手《はくしゅ》パチパチである。あまりにもおかしな校則は、「守るか守らないか」を議論するんじゃなくて、改善や解消を目指すのが正しい取り組みかたと、ぼくはそう思う。

いま自立心や向上心、豊かな個性といったことを教育の理想に掲《かか》げる学校が増えてきている。理不尽な校則は見直しを迫《せま》られて当然だ。校則でがんじがらめに縛《しば》りつけたら、自立心や向上心なんか育たないものね。

声をあげたら押《お》さえつけられる。われわれ大人の社会でもありがちなことだ。それでもこうして、ブラック校則をなくすための運動は大人の側からも起こっている。「こんなのおかしい！」と多くの人が思っているんだ。だからみんなも知恵《ちえ》と勇気を使って、意味不明を不明じゃなくするように、自分たちで模索《もさく》してほしい。

浜田桂子さん

あなたが校則を「意味不明なルール」と感じたその感覚は、とても大切です。「これって、おかしい」と感じることは、暮らしやすい社会をつくっていく、初めの一歩です。

そもそも校則って、何のためにあるのでしょうか。私はこう考えます。生徒ひとり、ひとりが尊重され、能力を豊かに伸《の》ばすことができ、居心地が良く、友だちや先生に会いたくなる、そんな学校をつくっていくための道具だと。

私が通っていた中学校は、最寄り駅から徒歩二十分の距離《きょり》にありました。市バスに「生徒は乗らないこと」が校則の一つ。理由は「歩くことで、体力をつけよう」で、なるほどと思ったものです。でも遅刻《ちこく》しそうなときや、疲《つか》れたときは、自分で判断してバスに乗りました。学校からのおとがめは、もちろんありません。校則は押《お》し付けではなく、生徒が自覚的に守るものだからです。

今の校則には、とても驚《おどろ》きます。ほんとうに意味不明です。

【髪色《かみいろ》は黒のこと】私は子どものころ茶髪《ちゃぱつ》でしたから、これ、完全にひっかかります。黒く染めるなんて嫌《いや》だなあ。お金もかかるし。なにより「あなたはまちがった人です」と決めつけられたみたいで、落ち込《こ》みます。

【パーマ禁止】直毛にするためのパーマはOKなのが、謎《なぞ》。

【マフラー禁止・タイツ禁止】寒い。生徒の健康は無視ですか。

【下着は白のこと】こんなことまで決められて気持ち悪い。チェックは最悪。女子生徒を男の先生が検査するなんて信じられません。

【休み時間の私語禁止・清掃《せいそう》時の私語禁止】友だちといつしゃべるの？

まだまだ、ありますね。しかも校則を守らないと、守らせるための「指導」が待っていますよね。みんなの前でしかられたり、反省文を書かされたり。でも、生徒が校則に納得できるかどうかが、先だと思います。

あなたが、子どもであっても生徒であっても、人間としての基本的人権は憲法で保障されています。また自由に意見を述べる権利があり、まわりの大人はあなたの意見を充分《じゅうぶん》に尊重しなければなりません。「子どもの権利条約」で決められていることです。

心強い事例をお伝えしましょう。ある高校生が、理不尽《りふじん》な校則について「おかしい」と声をあげました。たび重なる髪の黒染を強要されたと裁判を起こしたのです。それを受け、大人たちが「ブラック校則をなくそう！プロジェクト」を立ち上げ、実態調査を行いました。そしてなんと二〇一八年三月二十九日、国会でこの問題が鋭《するど》く問われたのです。当時の林芳正《はやしよしまさ》文部科学大臣は、「（校則は）絶えず積極的に見直す必要がある」そして「児童生徒や保護者が何らかの形で参加した上で決定するのが望ましい」と答えました。あなたを応援《おうえん》する言葉です。文部科学大臣は学校教育の責任者ですから。

生徒会で取り上げてもらい、学校側に話し合いを呼びかけてはどうでしょうか。実際に、生徒と教師が話し合って校則を決めている学校もあります。

親が外国人なので、日本語が上手に話せない

四歳《さい》の頃《ころ》に、フィリピンから日本にきました。小学校では日本語をちゃんと教えてもらえなかったし、中学になって授業もどんどん難しく感じます。そのせいでからかわれます。でも両親はタガログ語で話すので、家では私が一番日本語が上手です。そんな親を恥《は》ずかしく思う。嫌《いや》なことばかりです。（男性）

中井はるのさん

言葉の壁《かべ》はつらいよね。言葉は生きる上で必要なものだから、言いたいことが伝えられないのは苦しいと思います。

でもひとつ、考えてみて。ご両親は何かの理由があって日本にやってきたってすごい勇気だと思いませんか？　下手でも日本語がちょっとでもできるってすごくないですか？今は日本人のように話せなくても、年月が経てば、もっとうまくなることでしょう。言葉の構造や文法が違《ちが》うのですから、時間をあげてはどうでしょう？

とはいえ、見ず知らずの人から言われても、なんだよと思いますよね。実は、私も似たような気持ちを体験しています。実は父親が中華民国《ちゅうかみんこく》の出身で、日本にやってきてから、学校に通い、仕事をはじめ、結婚《けっこん》をして私が生まれました。私も、特に家族以外の人たちとの会話で、父の日本語の使い方が下手なのにがっかりし、うんざりしていました。まちがった日本語を使われると、どうしてそういう使い方をするんだろうとつらかったです。でも、大人になってから、父の苦労に気づきました。知らない人ばかりの国に、若いころ一人でやってきたって思ったらすごい勇気がいることだったと……。

あなたは、同級生たちと違って、タガログ語と、下手だとはいえ日本語ができる。それってすごいことなのです。

今は、タガログ語を学校の勉強で使うことは無いでしょう。でも、それはあなたにとってこれから社会で使える道具になるのです。日本語がうまくなったら通訳になることだってできます。フィリピンと日本をつなぐ仕事につくことも可能です。今の自分に無いものを嘆《なげ》くよりも、自分で持っているものを少しでも生かして、自分の強みにするのもサバイバルの手段になります。

自分が下手だとわかるのは進歩しているとちゅうだからです。あと少し、日本語を学んでみてはどうでしょうか？

言葉ができるようになると多くのことができるようになり、チャンスが広がります。現在までの自分は変えられないけれど、これからの自分は変えられるのだと思います。

応援《おうえん》しているよ。

四 恋愛のこと

彼氏の誘いを断りづらい

はじめての彼氏《かれし》は学校を卒業した部活の先輩《せんぱい》です。付き合って一カ月、キスも済ませました。今悩《なや》んでいるのは、会うたびにキス以上を求められることです。正直、私はまだそれ以上はしたくない。でも、断っているうちに嫌《きら》われそうなのも怖《こわ》い。今はうまく流せているけど、これからどうしたらいいんだろう。（女性）

片川優子さん

正直な気持ちを話して、「それ以上してもいいな」と思うタイミングを待ってもらうのがいいと思います。「そりゃそうだけどそんなに簡単じゃないよ！」と思われるかもしれませんが、自分の体を大事にできるのは、あなたしかいません。

もし望まないのにそれ以上をして、心が傷ついて一生後悔《こうかい》することになったら？　もし妊娠《にんしん》をしてしまったら？　どちらも、起こりうる未来です。

あなたの心と体を守り、一生一緒《いっしょ》に生きていくのは、あなた自身です。自分自身をたっぷりと愛し、大切にし、後悔しない選択《せんたく》をしてください。焦《あせ》る必要はありません。

そうして出した答えを、きちんと彼氏に伝えてみてください。もしかしたら彼氏も、断られ続けていることで、自分は嫌われているのかもしれない、と心配しているかもしれません.

そしてもし、その気持ちを理解してくれない彼氏だった場合は、この先もあなたを大切にしてくれないかもしれません。断って嫌われてしまった場合は、逆に良かったと前向きに割り切ってみては？　恋愛《れんあい》以外にも楽しいことはびっくりするほどたくさんありますから、安心してください。

ちなみに私が高校生のとき、授業中に外国人の牧師《ぼくし》さまがこんな話をしてくださいました。「イチャイチャ触《ふ》れ合っているときのラブは偽物《にせもの》のラブで、ただのライク。触れ合っていなくても感じるラブが本物のラブ」だそうです。当時は、「なんで授業中にこんな話をするんだろう」と不思議でしたが、あれから十年以上経った今思い返すと、学校ではなかなか学べないような秀逸《しゅういつ》な教えだったと思います。

いつか本物のラブを感じたときに、自然とあなたも「それ以上をしてもいいな」と思うはずです。その日が来るのを、焦《あせ》らずゆっくり、楽しみに待ちましょう。

那須田淳さん

こんなことを言うと少し上から目線でいやなのだけれど、頭の中でほんわりと描《えが》いていた「恋《こい》」から具体的な「恋」に変わろうとしているのだと思う。「恋愛《れんあい》って何か？」ネットで調べてみるといい。「特定の相手に対して、性的欲求を含《ふく》んだ信頼《しんらい》関係を築きつつ、お互《たが》いを大切に思ったり、あるいはそういう特別な関係になりたいと願ったりすること」みたいな文言がつらつらと書いてあるはずだ。つまるところその通りだろう。だから、彼があなたを求めるのは自然だ。一方で、あなたのほうは、彼が「特定の相手」なのかどうか、心のどこかで決めかねているのでは？　でも、それもとってもノーマルな反応だろう。

これは恋の進展のずれというより、もう男と女の違《ちが》いと思うしかない。男子は自分の立ち位置を確かめたくて、どこまで許してくれるか様子を見ているのかもしれない。

でも、女子は一緒《いっしょ》にいられればそれで十分っていうときもありそうだし、たぶん相手への信頼があってはじめて応じられるもののような気がする。それは当然なこと。だから、嫌われるかもと思って相手に無理に合わせたらダメなんじゃないか。

あなたは、どこかひりひりするような不安を感じるかもしれないけれど、彼のほうもじりじりしながら、心のどこかで、あなたに求めすぎたら嫌われるかもと不安に思っているはずだ。その意味ではおあいこだよね。

そういう不安と不安がぶつかりあって互いに少しずつ近づき、信頼関係っていうのは、できてくるものだろう。なので、今の不安定で切なくなるような気持ちに耐《た》えるしかない。

そのうちに彼があなたに、自分の弱さであるとかを見せるようになったら、あなたのことを「特定の彼女《かのじょ》」として信頼し始めた証《あかし》かもしれない。とはいえ、それがたんなる「甘《あま》え」だったり、そうやって同情を惹《ひ》こうとする情けない男子もいて、それも大人に近づけば近づくほど増えてくるので、その見極めも大切だ。だからこそ、あえて急がないこと。

そうやって「特定の彼」として受け入れることができるかどうかの判断がついたら、自ずと次のステップへと展開するものだ。だからといって、さらにその先がどうなるかまでは、誰にもわからない。人生は長いんだ。将来、後悔しないためにも、あせって自分を見失わないようにね。

フラれた彼女と一緒の教室にいるのがつらい

つい先日、彼女《かのじょ》にフラれました。やり直そうとしたけどダメでした。困っているのは、その彼女が同じクラスだということです。顔を見るたびに切ないし、ほかの男子と話しているのを見るだけで何も手につかなくなります。どうしたら吹《ふ》っ切れるのでしょう。もう教室にいたくない。(男性)

俵万智さん

失恋《しつれん》、ほんとうに辛《つら》いですよね。私も高校二年生のとき、体調が悪くなるくらい、そして人生が変わるくらい苦しい失恋をしました。失恋、できればしたくないことだけど、恋愛というのは相性のものだから、絶対に失恋しない方法というのはないです(一つだけあるとしたら、それは恋《こい》をしないこと、かな)。

高校時代以来、さらに失恋を重ねてきた経験から、いくつかのことがわかりました。一つは、失恋が辛ければ辛いほど、それはいい恋だったということ。ダメージが少ない失恋もありましたが、つまりそれは失っても大して困らない、しょせんその程度のものだったということです。逆に、身もだえするような辛さというのは、その恋が、自分にとってかけがえのないものだったということです。失ってこれほど辛いものを、一度は手にしていたとも言えます。それほどの経験ができたなら、何もなかったよりは、いいと思いませんか？　失恋というと、恋を失ってゼロになるイメージがあるかもしれませんが、自分がその恋愛からもらった様々なことが、さかのぼって消えるわけではありません。辛ければ辛いほど、もらったものは大きいのです。

もう一つわかったことは、失恋の痛手から回復するには、その痛みを味わう時間というのがある程度決まっていて、そこをクリアしない限り、終わらないということです（逆に言うと、ある程度の時間が経てば必ずクリアできます）。気を紛《まぎ》らわすのも一時的にはいいかもしれませんが、悲しみから目をそらして先延ばししていると、そのぶん回復が遅《おく》れるような気がします。じっくり悲しめば、終わりも見えてくる。そういう意味では、教室で彼女と顔を合わせるのは辛いことではありますが、たぶん回復を早めることになるのではと思います。昔の人は「日《ひ》にち薬《ぐすり》」と言いました。時間が経つことが、何よりの回復の薬になります。

恋愛は相性で決まるもの。誰《だれ》にとっても素晴らしい恋人とか、いません。モテる人というのは、たぶん相性がいいと思いあえる人のストライクゾーンが広いのでしょう。でも、一人いればいいんです。今回、彼女にフラれてしまったのは、彼女が、あなたが自分にとって相性のいい相手ではないと気づいたからでしょう。

繰《く》り返しますが、彼女との時間は、さかのぼってゼロにはなりません。じっくり悲しんだのち、相性のいい人との出会いがあることを、楽しみに待っていてください。

ひこ・田中さん

それは辛《つら》いですね。

でも、好きな人ができて、その人にも好かれていたのは、とても良かったと思います。君は人を好きになれたんだし、同じタイミングで彼女も君を好きになるなんてことが起こったのですから。

付き合っていた時、二人の気持ちは一緒《いっしょ》だと思っていたかもしれませんが、それは誤解です。君は彼女が好きで、彼女は君が好き。お互《たが》いがたまたま同時にそういう状態になっているってだけのことで、君と彼女は別人ですから、君は勝手に彼女を好きになり、彼女もまたそうだったのです。だからどちらかが好きでなくなる事態は常にあり、どちらかがフラれる。つまり自分はまだ相手を好きなのに相手はそうではない時期は必ずあるわけです。それで君はやり直そうと試みたけれどダメだった。

そして、切ない。

どうしたら吹っ切れるのか？

彼女を見るたびに自分がフラれた事実を思い起こしてしまい、それが切なくて吹っ切りたいのなら答えは簡単です。他に好きな人を見つけてください。人間って結構みんな素敵ですから、君にその気があれば好きになれる人なんていくらでもいますよ。保証します。

そうではなく、君がまだ彼女を好きな場合。これは、どうにもできません。好きって気持ちは自分でどうこうできないのです。君の中には彼女（本当の彼女ではなく君が思い描《えが》く彼女）が住み着いてしまっているので、これを引き剝《は》がすのは無理です。

だから、泣いてください。眠《ねむ》る前に布団《ふとん》をかぶって思い切り泣いてください。毎日毎日泣いてください。恥《は》ずかしくなんかありません。人を好きになれるのは素晴らしいことなのですから、好きになった証《あかし》に、思い切り泣いてください。

私はそうしました。もう彼女に触《ふ》れられないのに、すぐ側にいるのは切なくて辛かったし、いつまでも吹っ切れない自分が情けなかったし、でもそうなんだから仕方がないし、泣くしかないから毎日泣いていました。欲しいものが手に入らないでだだをこねる小さな子供のように。それは、卒業して彼女を観なくてすむようになっても続きました。もし半世紀ぶりに彼女と出会えたら、泣かない自信は私にはないです。

仕方がないのです。好きなのですから。仕方がないのです。勝手に好きになるのですから。

君も吹っ切らないで、その時間を大切に生きてください。

好きな人に幻滅されたくない

女子から初めて告白されました。その子のことは前から意識していたし、すごくうれしいのだけど、気がかりなことがあって返事ができていません。というのも、うちは貧乏《びんぼう》なので、新しい服を買ったりデートに行ったりする余裕《よゆう》がないんです。幻滅《げんめつ》されるんじゃないかと思うと、なかなか踏《ふ》み切れません……。（男性）

那須田淳さん

きっと、きみはすごく気遣《きづか》いのできる人なんだね。デートをするなら、ちょっとおしゃれして、どこかに一緒《いっしょ》に出かけたい。ディズニーランドは無理でも、せめて映画ぐらいは……。でもそれさえできないのは、すごくつらいよね。もちろんかっこよく思われたいというのも、ときには無理してもおごりたくなるのも、見栄《みえ》には違《ちが》いないけれど、小さなプライドでもあって、そういった感情は、僕《ぼく》も理解できる。

ただ、きみの場合は、たぶん自分のこと以上に、彼女に恥《は》ずかしい思いをさせるんじゃないかってことを気にしているんだろう？　彼女《かのじょ》の友達とかに、貧乏な彼氏《かれし》のことで引け目や嫌《いや》な思いをさせたくないとか……。もしかしたら彼女は、きみのそんな優しさに惹《ひ》かれているのかもしれないね。

　けれども、それって本質的なことなのだろうか？

　彼女は、じつはそんなところはあまり気にしないんじゃないか。彼女にとって、大切なのは「そばにいる」ってことじゃないのかな。悩《なや》みをきいてあげたり、楽しいことがあれば喜んであげたり……つまり、寄り添《そ》ってあげられたら良いのでは？　それは、きみだって同じはずだよ。

　むしろ、きみが彼女とつきあえるかどうかを気にするなら、そんな物質的なことより、自分の内面ともっと向き合うべきだ。自分をちゃんとさらけ出せるかどうか、経済的なことも含《ふく》めて今の自分の悩《なや》みや、不安を見せられるかどうか。それって彼女を信じることに他ならないだろう。

　彼女に惹かれているなら、一度深呼吸して、ちゃんと好きだと応えてあげてほしい。その上で経済的なことで悩んだことも伝えて、そこから〝できる範囲《はんい》で〟のつきあいが始まるんじゃないのかな。はじめは学校の行き帰りのデートだけでいいのでは？

それから散歩がおすすめ。お金を使わないデートを、なんて考えるのは悲しくなるからよした方がいいけれど、近所から始めていろんなところに遠出してみたらいいかも。一～二時間、おしゃべりしながら歩くだけでも、いつもと違う風景が見えてくるはずだ。夕焼けのきれいな丘《おか》とか、人があまりこないけど、桜の大木がある神社とか、二人だけの秘密の場所がみつかるかもしれないね。

楊逸さん

初めて女の子から告白されて、少しびっくりしたようですね。「すごく嬉しく」なる一方、「なんでこのぼくに……」と戸惑《とまど》う少年らしいその初々《ういうい》しさは、五十代の私には眩《まぶ》しくて、四十年前の自分が見えたような気もしました。

私が十五歳《さい》当時、暮らしていた中国のハルビンという町は、「うちは貧乏なので、新しい服を買ったりデートに行ったりする余裕がない」と言っているあなたでも、想像できないほど物がなくて、米も豆腐《とうふ》も、何もかもが定量供給《きょうきゅう》でした。たとえば、卵はめったに口にすることができない貴重品で、お正月のときだけ、特別にチケットが配られました。

服を作る布の生地も「布票《ふひょう》（布のチケット）」がなければ手に入りませんでした。

中学時代は二人の姉が着古した、つぎはぎの服を着て学校に行っていて、片思いする男の子に声をかけることもできず、ただ隅《すみ》っこで頬杖《ほおづえ》をついて遠目に眺《なが》めていました。詩を書き始めたのもその頃《ころ》かな。伝えたいのに伝える勇気がなく、積もるばかりの思いを言葉にして書きとめていました。ある日それを読み返すと、「これって詩じゃないか」と気づいて、「片思いは文学になるかも」と目覚めたのです。

恋《こい》は美しい。告白されて付き合うように発展するのももちろんですが、付き合うまでは行かなくても、相手のことが好きで、ひそかに思い続けるのもステキではありませんか。「金銭問題」で別れてしまう恋人たちが多々いる中、もし、あなたが「貧乏」だと知りながらも告白してくれたのだとしたら、その女の子は、きっと「素のあなた」に魅《ひ》かれたのでしょ。ならばそれは「本物の恋」なのだと思います。

家の事情で経済的に恵《めぐ》まれていない十五歳。見方を変えれば、あなたには努力できるという大きな「天地」が与《あた》えられているのだと考えることもできます。楽しいではありませんか。ステキな恋もステキな未来も自分の手で摑《つか》んで、やがてきっとステキな人生を手にすることができるようになります。

私の彼氏は「在日」です

いま付き合っている人は同じクラスの男子で、いわゆる「在日《ざいにち》」の韓国《かんこく》人です。同じ班で活動しているうちに両想いになりました。でも、親からは「大丈夫《だいじょうぶ》なの？」と不安がられるし、からかってくる友人もいます。そのたびにうまく反論できず、悔《くや》しい思いをしています。好きなんだからいいじゃん。（女性）

エドワード・レビンソンさん

約二十五年前、私が住んでいる千葉県鴨川《かもがわ》市の海岸で、あるおばあさんに会った。古いもんぺを穿《は》き、重そうな竹籠《たけかご》を背中に、海藻《かいそう》と貝を採集していた。私には、たまに会えば話をし、写真を撮《と》らせてくれる普通《ふつう》の日本人の田舎《いなか》の女性に見えた。日本語でしゃべっていると、突然彼女《とつぜんかのじょ》は「あなたと同じで私も外人です」と言った。彼女の言葉の意味を理解するのに、少し時間がかかった。

彼女は在日韓国人だった。日本に来て五十年になるという。それだけの時間を経ても、自らのルーツをあまりおおっぴらにしようとはしていないように思えた。でも、「在日外国人」である私には打ち明けられたのだろう。

どんな人生を歩まれてきたのだろう。ご苦労も多々あっただろうと思った。

私はアメリカ人で、日本在住は人生の三分の二の四十年になる。自分で選んだ生き方だった。日本の文化は私によく合っている。日本人の妻と永住権はあるが、日本の市民権と選挙権はない。長年の間に日本に同化したので、しばしば自分が日本人ではないということを忘れてしまうほどだ。しかし、見た目はやはり日本人ではない。今でも私を凝視《ぎょうし》する人たちがいる。特別扱《あつか》いもされる。それはあまり良い気持ちではない。

差別は、世界中にある。外国人と見なされるすべての民族に対して行われている。日本で生まれ育った若い世代の「在日」にとっては、特に苦痛だろう。固有の家族の習慣や食べ物の好みといった民族的背景が差別の対象になることもある。それでも、日本はそこに住む者にとっての「ホーム」なのだ。

私は思う。「在日」の人と親しむことは、友達、家族、社会からの否定的な反応よりも、はるかに利点の方が多いと。日本もまた、新しい時代の始まりにいる。それは、世界の全ての文化に対し、オープンな心を持てる若い人々を必要としているということだ。国際社会と「人間家族（Human Family）」、双方《そうほう》のメンバーであると認識することが大事なのだ。他の民族に対してオープンになり、共に生きていく利点によって、あなた自身が豊かになる。相手を好きだと思うなら、その気持ちを大事にする生き方を貫《つらぬ》いて下さい。

鶴田静さん

同級生に好きな異性がいる……すてきですね！　私にも小学生の六年間いたけれど、別々の中学校で別れ別れに。中学生の時香港《ホンコン》人の学生とペンフレンドになり、写真のハンサムな彼《かれ》に会いたかったけれど、当時はまだ遠い国。以来、今日まで半世紀以上、彼らとは私の心の中だけでしか会えないのです。

そんな経験のある私には、今現在、両想いで付き合っているあなたたちがとてもうらやましい。お互《たが》いの内にある感情を具現化できることは、大変貴重です。

でも、お互いを思い合う二人の心、感性、思考、純粋《じゅんすい》さが、家族や友人の無理解あるいは誤解によって、揺《ゆ》らぐことがある。誰《だれ》にでも起こり得ることの原因が、あなたにとっては「在日」なんですね。

「在日」とは「外国から来て日本に住むか滞在《たいざい》している人」のことだから、どこの国からの人にもあてはまる。実際、私の夫は「在日アメリカ人」。私の友人知人は「在日韓国人」「在日ベトナム人」「在日中国人」「在日フィリピン人」……。そう考えるとほとんど世界中の国の人々が「在日」ですね。

しかし今の日本で「在日」の意味するところは、概《がい》して韓国人か朝鮮《ちょうせん》人でしょう。それには日本人が起こした歴史的な事件が関係しています。十六世紀末、豊臣秀吉《とよとみひでよし》が二度の朝鮮出兵をしました。一九一〇年からの併合《へいごう》政策により、日本は三十五年間、朝鮮半島を植民地化しました。以来現在まで、様々な問題が残されています。それは政治課題だけれど、市民の間にも「ヘイトスピーチ」などの、差別的行動がなされています。そして二〇一九年現在、日韓関係は最悪の状態にあると言われているのです。でも両国間の問題は劣《れっ》悪《あく》な政治のためであって、二〇〇〇年以後生まれの人々には直接の責任課題ではありません。

家族があなたたちを「大丈夫なの?」と心配するのは、このような問題を受けて、または異なる風習や家族関係からでしょう。友人がからかうのは嫉妬《しっと》からかもしれませんね。

私は私自身の経験から、異なる人種が共に出来ることは、二倍でなく四倍以上になると実感しています。人間的に強くなります。異国人が愛し合い、人種や国の違いを認め受け入れ、新しい〝民〟となり、差別も争いもない真の平和な民主的社会を創る、その力が「両想い」の「日韓」のあなたたちにこそある、と信じています。

実現は二人の意志しだいだから、強くもって！「いいじゃん！　大丈夫！」

ひとりでいる寂しさに耐えられない

ひとりでいることに耐《た》えられません。不安でどうにかなりそうです。でも、誰《だれ》かと体を重ねているときだけは解放されるから、付き合う人もすぐ代わるし、複数の人と同時に関係を持つこともあります。もちろん恨《うら》みも買います。こんな生き方、きっと間違《まちが》っていますよね？　どうしてこんなに寂《さび》しいんだろう。（女性）

加藤純子さん

人間というのは、ひとりでは生きていけないさびしさを抱《かか》えているものなのかもしれません。社会問題になっている「引きこもりの人たち」。その人たちも他者とのつながりを求めながら裏切られたりいじめられたり、不本意な出来事に苦しめられたりしながら自己主張がうまくできず、人とのコミュニケーションに疲《つか》れはててしまい自分の部屋に引きこもってしまったのではないかと思います。

だれかと体の関係を持ち、抱《だ》かれているとその時だけは「自分は受け入れてもらっている。この人に愛してもらっている」という気持ちになる、そんな心情が尾崎豊《おざきゆたか》の「I LOVE YOU」という歌からも想像できます。不安な二人はベッドの中で固く抱きしめ合います。要約すると、こんな歌詞です。「抱き合いながら、二人は目をとじる。愛がさめてしまわないように」と……。それは、目を閉じることで現実から逃《に》げ、一瞬《いっしゅん》だけでも「そこに愛がある」ことを信じたいと思う。だれもがひとりぼっちでいることに耐えるのはつらいと思っているからです。でもさびしさから体の関係を結んでいるだけでは、あなたという人間のことを理解しようがありません。ましてやただ体の関係だけでは、あなたのすべてを丸ごと受け入れようがありません。彼《かれ》らがそうした行為《こうい》を通して知るのは、あなたの体であり、あなたという人間ではないからです。思春期のころの男子の多くは、「愛」という幻想《げんそう》を抱きつつ、求めているのは簡単に体を投げ出してくれるあなたへの性の欲望です。それを一瞬でも「愛」と思い違いをし、孤独《こどく》から逃げ出すように体を重ね合う。

別の見方をすれば、ほんとうに好きな人には簡単に手出しはできない。そんな特有のとまどいや不安が本音の中にあることも知っておく必要があります。簡単に欲望を満たしてくれるのは、彼らにとって単に「都合のいい女」でしかないのです。大切なのは異性ときちんと向き合い理解し合うこと。そこからしか、ひとりぼっちのさびしさからの解放はありません。

ほんとうの意味で、人を好きになること、人を愛すること、自分と向き合って理解しようとしてくれる人を見つけること、これは異性だけの問題ではなく同性に対しても同じです。それが生きる喜び、ひいては孤独である自分と決別し他者とつながり合っていくということです。その時初めて人は「自分はひとりぼっちじゃないんだ」と実感できるでしょう。

寮美千子さん

わたしも若い頃《ころ》は、ひどく寂しいと感じていました。寂しさという猛獣《もうじゅう》が心に棲《す》んでいて、体を食い破って出てきてしまいそうでした。あなたは、いま、その猛獣に振《ふ》り回されているんですね。寂しさを忘れられるのは、誰かと体を重ねているときだけ。でも、あなたはもう、それがニセモノだと気づいている。だから、なんとかしてそこから抜《ぬ》け出したいと願っている。でも、抜け出せない。

これって、なにか似ていると思いました。覚醒剤《かくせいざい》です。一瞬《いっしゅん》でも生きている苦しさを忘れさせてくれるので、のめり込《こ》む。使っている瞬間は救われるけれど、結局は身も心も蝕《むしば》まれてズタズタに。止めたいと思うのだけど、止められない。これを「依存症《いぞんしょう》」と言います。あなたも、一種の依存状態にあるのかもしれません。

では、覚醒剤依存の人々は、どのようにそこから離脱《りだつ》しているのでしょうか。ダルクという自助組織があります。依存の当事者が互《たが》いに語りあい、心を明かし、励《はげ》ましあっていく組織です。そこで、自分と同じ悩《なや》みを抱《かか》えた人に出会い、自分一人ではないと知り、自分自身が抱えた問題や心の傷と向きあい、新しい自分に出会っていくことで、薬物から離脱できるのです。

あなたの寂しさも、きっと心に大きな傷があるからでしょう。自分一人でその傷に向きあえ、といってもむずかしいでしょう。だから困っているんですよね。

一番いいのは、信頼《しんらい》できる友人に悩みを話すことです。学校のカウンセラーに相談するのもいいでしょう。自分が蓋《ふた》をして気づかない振りをしていたことに気づくことが大切です。それを言葉にして吐《は》き出すことで、きっと苦しさは減っていくでしょう。

好きなことや興味のあることを見つけて仲間を作るのもいいですね。アニメでも手芸でもなんでもいいんです。インターネットで、イベントやグループを見つけるのはむずかしくありません。居場所を見つけてください。

わたしのお勧《すす》めは、ボランティア。誰かの役に立っていると実感できると心が落ちつきます。そこで、いままでにない世界を知り、新しい人間関係を築くことができるでしょう。

寂しさに苦しんだ人は、同じように苦しんでいる人の気持ちを理解することができるようになります。いつか、あなたは寂しくて堪《たま》らない人々を救える人になるでしょう。そのとき、寂しさは大切な宝物に変わるのです。

どうか寂しさという猛獣に振り回されないで、猛獣使いになる勇気を持ってください。そうすればいずれ、猛獣を宝物に変える魔法《まほう》使いにだってなれるのです。

五　家族のこと

なんで自分を生んだんだろう

両親は、私が子どものころから仲が悪く、口もきかずに別々の部屋で暮らしています。すごく冷たい家庭で、ほかの家が羨《うらや》ましくなったり、なんで自分を生んだんだろうと思うこともあります。でも、私はそんな二人の子なので、愛なんて信じられないし、結婚《けっこん》もしたくないと思っています。（女性）

平野啓一郎さん

ご両親が不和で、家庭にぬくもりが感じられないというのは、辛《つら》いことだと思います。

その状況《じょうきょう》に耐《た》えているあなたのことを想像すると、胸が痛みますし、頭が下がります。

幾《いく》つかのことを考えました。

まず、あまり励《はげ》ましにならないでしょうが、実際のところ、まったく問題のない家庭というのは、意外と多くないと思います。

私がそのことに気づいたのは、三十代に差し掛《か》かるくらいの頃《ころ》でした。辛い体験というのは、なかなか人に話せませんが、それくらいの年齢《ねんれい》になると、ぽつぽつ、打ち明けられるようになります。そうなってみて、初めてみんな、なんだ、ヨソも似たり寄ったりだったのか、と気づくものです。

勿論《もちろん》、何もその時を待つ必要はありません。もし、信頼《しんらい》できる人が身近にいるならば、相談してみてください。言葉にしてみるというのは、大事なことです。

それから、私は「分人《ぶんじん》」という言葉を使っています。私たちは、自分は自分で、一人の人間だと当然のように思っていますが、実は接する相手ごと、関係する場所ごとに幾つもの異なる自分になっています。あなたも、家庭にいる時の自分と、学校で仲の良い友達といる時の自分とでは、随分《ずいぶん》と違《ちが》うのではないでしょうか？　その一つ一つの異なる自分を分人と呼びます。あなたは複数の分人の集合体で、その中には生きていて楽しい分人もあれば、辛い分人もあるでしょう。家庭での分人を生きることが辛くても、自分を全否定しないでください。家庭以外で、好きな自分になれる相手、場所、小説や音楽や映画などを探してください。たとえ今見つからないとしても、あなたの将来には、必ず、今は絶対に想像できないような出会いがあり、その人と一緒《いっしょ》に過ごせる素晴らしい分人が芽生えるはずです。他でもなく、僕《ぼく》自身がそうでした。

最後に、結婚するかどうかは自由です。しない人もたくさんいますので、しなければならないとは思わないでください。ただ、人間は不思議なもので、自分がしてほしかったことを、誰《だれ》か他の人にしてあげることで心の傷が癒《い》やされるところがあります。あなたがもし結婚して、愛情を以て子供と接し、その笑顔を見つめる日が来れば、きっと、記憶《きおく》の中のあなた自身も笑顔になるでしょう。

人生は長いです。子供時代というのは、その一部に過ぎません。大人になることに希望を持ってください。ご両親に関しても、その時になって理解できることもあると思います。

下重暁子さん

御《ご》両親がなぜ不仲になったのか、別々の部屋で暮らしているのか、きっと理由があるのだと思います。それは彼等《かれら》二人にしかわからぬことかもしれません。

それぞれの家庭にはそれぞれの事情があります。べたべたくっついている家庭が必ずしもいいわけではありません。よその家庭がどうあっても、羨んでも仕方ないではありませんか。

百人いれば百通りの家庭があって、それぞれ違《ちが》うはずです。

御両親はそれぞれの仕事をお持ちでしょうか。私の家は私とつれあいは別々の部屋で暮らし、経済的にも独立採算《さいさん》性で、自分のものは自分で買います。それぞれが違う仕事をしている違う人間なので、お互《たが》いが快適なように暮らしています。夫婦は一緒《いっしょ》にいたらいいものではないのです。

環境《かんきょう》のせいにして自分を甘《あま》やかしてはいけません。自分が変わると環境も変わりますが、環境が変わっても自分は変わりませんよ。そういう環境だからこそ、あなた自身はあなたにしかできない結婚や生き方をしていけばいいのです。

親を批判し、親をのりこえていくことが、子どもの成長なのです。御両親を反面教師としてあなたらしい個を作ってください。

父の暴力から逃げたい

ぼくは小学生のころから、父の暴力を受けて育った。父は家の外では偉《えら》い人だと言われているけど、家の中ではすぐに手が出る人間だ。母も父を恐《おそ》れているので、何もしてくれない。もうこんな家にはいたくない。でも、家以外の行き場がない。このまま耐《た》えるしかないのだろうか。(男性)

村上しいこさん

私も酷《ひど》い虐待《ぎゃくたい》を受け中学しか行かせてもらえませんでした。もしあなたの親が進学には理解があるなら学校を出てすぐに働けるように、専門性の高い学校へ進んで下さい。好きだ嫌《きら》いだは言わないで!　生きるか死ぬかです‼　耐えるしか無いのだろうかとありますが、耐えられるのであれば、家を出ることが出来るまで耐えて下さい。なるべく怒《おこ》らせないように。お母さんが可哀想《かわいそう》などと思ってはいけません。あなたの身を守るのです。

学校や児童相談所を信じ過ぎないで下さい。あなたがこれから信じるのは、あなたの未来です。自分の未来を思い描《えが》いてそこへ向かって進んで下さい。辛《つら》くてそんなの無理だというのなら、ただ幸せになるんだと、それだけでもいいです。

進学先に寮《りょう》があればいいでしょう。離《はな》れた場所に行くのもいいかと。今すぐ出たいというなら、家出もいいと思います。マインドコントロールされて、身動きが取れなくなってしまう前に。

一時的であれ親を上手くコントロール出来るようになったら、具体的に将来どう逃《に》げるか考えて下さい。じつはこれ、虐待を受けているとなかなか出来ないのですが、頑張《がんば》ってみて下さい。幸せになるための訓練です。幸せは空から降ってきません。具体的には、まずは貯金して下さい。虐待からくる無力感で散財してしまう人がいます。

虐待を受けると脳が萎縮《いしゅく》したまま成長してしまうことを覚えておいて下さい。特に自分の行動をコントロールする前頭葉《ぜんとうよう》と感情を司《つかさど》る扁桃体《へんとうたい》が未発達なままです。よく虐待の連鎖《れんさ》と言われるのはそれです。でも安心して下さい。それは未発達なまま成長しただけで、大人になり、安定した生活を得られればまた成長しますから。そのときには、生活のパートナーや、信頼《しんらい》出来る友人に虐待があったことを話し協力してもらう必要があります。それから、フラッシュバックは何十年経ってもおきますから、なんとか上手くつきあって下さい。

それから親が謝ってきたり、謝りたいと言っても信じないように。暴力に訴《うった》える人はずっと暴力に訴えます。それは学校のイジメも同じですよね。さらに酷《ひど》くなるだけです。

親は自分のお財布だというくらいの気持ちであなたが自立出来るまでは頑張って下さい。

もちろん親だからといって好きになる必要もありません。生き延びて下さい。

親の離婚で苗字が変わるのが気まずい

両親が離婚《りこん》して母に引き取られることになりました。転校せずに済んだのはよかったのですが、苗字《みょうじ》が変わることが気がかりです。親も先生も大丈夫《だいじょうぶ》とは言うものの、みんな、なんとなく事情を察して、気を遣《つか》って自分と距離《きょり》をとったりするんじゃないかな……。気まずくなるのがいやです。（女性）

中井はるのさん

ご両親が離婚するのは、否定することはできないですよね。その気持ち、とてもつらいと思います。でも、子どもが、親が決めたことをくつがえすのは難しい。もしも、どこかに納得できないことがあったら、お父さん、お母さんに離婚の理由を聞いてみてください。少なくとも、両親のことだとはいえ、あなたは子どもなのですから聞く権利はあります。

でも、聞きづらいと思うこともありますよね。もし、理由や説明を受けないままだとしたら歯がゆいと思うので、二つだけお話ししたいと思います。

ご両親が離婚するというのはきっといくつかの理由があるはず。喧嘩《けんか》ばかりだったり、あるいはお金の感覚が違《ちが》ったり、人によって理由は様々です。このまま死ぬまで結婚を続けるのはつらいから、離婚しようと決断したのだろうと思います。あなたも、親が離婚せず互《たが》いにぎくしゃくした状態で、同じ家の中にいるのはつらいと思います。そうだとしたら、離婚は、親とあなたにとって、これから生きる上で正解なのです。かんたんに受け入れられないかもしれませんが、将来的に考えたらそれがよいとご両親が判断したからだと思います。

次は、学校で苗字が変わったら、友人関係がどうなるのだろうという不安について。今まで仲良くしていた子とうまく付き合えなくなるんじゃないか？　みんなとの関係がぎこちなくなるんじゃないか？　それはあなた次第だと思います。

参考になるかわからないけれど、ある方法を教えましょう。もし、苗字を変えたくないのだったら、元の苗字を名乗ることが可能です。学校の了解《りょうかい》をもらえばできるのです。進学のタイミングで変えるのも可能です。親や子供が望めば、公式ではないけれど、学校では、元の苗字でもよいのです。親御さんや、学校と相談してみてはいかがでしょうか？

子どもだって自分の考えをいう権利があります。ご両親の離婚は、あなたの人格を決めるものではありません。どうか明るい道筋がみえますように祈《いの》っています。

石田純一さん

離婚の細かい事情がわからないので、あなたの父や母に対する想いを察することが出来ないのは残念です。ただ、世間の目を気にすることより、自分を選び、育てていく決心をしてくれた母親を盛り立てて、充実《じゅうじつ》した人生を共にするという矜持《きょうじ》を強く抱《いだ》いて生きていってほしいと思いました。様々な姿の家庭があります。あなたの家は間違《まちが》っている訳でもありません。それも自分たちの個性と考え、ないものを嘆《なげ》くのではなく、あるものを慈《いつく》しみ、心の通じ合うとびっきり仲の良い家庭をつくってください。一見ウィークポイントに見える部分がストロングポイントになる例は、世の中いくらでもあります。父親不在の家庭では、母親の負担は通常大きくなりますが、思いやりで互《たが》いを支えようとする意志や、足りないピースを補い合う精神は、何にも代え難い貴重な財産になっていくはずです。責任感や独立心なども早くから芽生えるだろうし、与《あた》えられたものも当たり前だと思わず、感謝する心や、感受性などは人一倍強くなっても不思議ではありません。恵《めぐ》まれ過ぎた環境《かんきょう》の子どもたちより、明らかに冒険心《ぼうけんしん》や挑戦《ちょうせん》する気概《きがい》にあふれているでしょう。戦術を工夫したり、野性をより洗練させて、創造性を発揮《はっき》するのも得意かもしれません。

さあ、ここまで書いてきたら、苗字を変えるとか、人に気を遣《つか》われるとか、そこまで気に病むことではないと思いませんか。もちろんどうでもいいことだとは言いません。ただ、こちらが堂々と胸を張って生きていけば、相手を逆に圧倒《あっとう》し、共鳴させることも可能な筈《はず》です。人の顔色を窺《うかが》って生きるより、自信をもって自分たちの境遇《きょうぐう》を肯定《こうてい》し、潑剌颯爽《はつらつさっそう》と生きることをお勧《すす》めしたいです。そういう姿勢が相手を納得させ、相手を巻き込《こ》む力になっていくのではないでしょうか。主体的に生きる、とはそういうメカニズムだとぼくは思います。謙虚《けんきょ》さや優しさを秘めた、「万能をも凌駕《りょうが》する意志」こそ、わたしたちの人生で最も大切なものであります。応援《おうえん》しています、がんばってください。

母の愛情が重い……

ぼくの母は、ちょっとしたことで学校に乗り込んだり、修学旅行のときには京都までついてこようとしました。家でもべたべたしてきます。この前、家に遊びにきた友人から、「お前のお母さんはおかしい」とからかわれたのですが、やっぱりぼくの母はおかしいですか？　やめてくれとも言えず悩《なや》んでいます……。（男性）

下重暁子さん

こういうお母さんはよくいるものです。私の母親も一人娘《むすめ》の私を〝暁子命〟で私の全てを知りたがり、私のためにとがんばるのが子供の頃《ころ》うっとうしくて仕方ありませんでした。当時を知る友達は今でも、私の母がいかに面倒見《めんどうみ》が良すぎたかの話をします。

学校にもやってきましたね。私はそれが困るということを中学生の頃、母に訴《うった》えました。母が愛情だと言っていることが、実はエゴであるということをはっきり告げました。そしてそれが友達の間でも話題で、そのために私はいつまでも自立できないと思われていると機会を見て話しました。

始めは「私の気持ちがわかっていない」だの、「みんなあなたのため」だと言っていましたが、私が冷静に話すのを見て少しは理解したと思えます。

少し大きくなってからは、私はわたくしという個があって、親とはいえ、ある程度大きくなったらその個を尊重して欲しいと訴えました。

高校が進学校で家から遠かったので、母に話して近くの知人の家に下宿しました。離《はな》れてみると母が冷静を取り戻《もど》し、子どもは自分のものではなく、全く違《ちが》う個なのだということが少しわかったようでした。

多くの母親は特に男の子にべったりです。友人の話でも女の子に対するのと男の子に対するのとは全くちがうそうで、男の子はただ可愛いそうです。だからこそあなたから親離れすることが必要です。

ママっ子男子という現象があり、いつまでも家を出て行かず、仕事をしてお金を家に入れても、一緒《いっしょ》にでかけるのはいつも母親、買い物も映画もコンサートも。恋人《こいびと》のように気を使う必要もなく、母もそれを喜んでいる中で成長はありません。可能ならば離れてみること。外の世界とつきあって将来精神的なひきこもりにならぬよう、自分の気持ちを母に話してみるのが大切ですね。

ひこ・田中さん

君の母親は君を大好きで、君なしではいられないのだと思います。「愛している」とか、「心配している」といった理由で、君にまとわりついているわけですが、どうしてそうなったかは本人に聞いてみないことにはわかりません。母親にパートナーがいるとしたら、その「大好き」をそちらに向けてもらえれば解決するのですが、そちらに向けられないさみしさから君に向いている可能性もあります。

ものすごく単純なことを言います。君と母親は別人格です。だから、彼女《かのじょ》が君の領分を、君の気持ちを無視して侵《おか》すことはできませんし、してはいけません。

とはいえ、残念ながら君は君の意思を示せるほど大きくなる以前にすでに彼女によって領分を侵されています。というか、赤ん坊《ぼう》だったから世話をされています。育児してもらっています。だから彼女はそのまま君を所有できると思い込《こ》んでいるのでしょう。

「やめてくれとも言えず悩んでいます……」が気になります。どうしてですか？　面と向かっていやだと言えないですか？　「恥《は》ずかしいから」などという理由を告げる必要はいりません。やめてくれとだけ言えばいいのです。それに対して母親はいろいろ理由を述べるでしょうけれどそれらに正当性はありませんから無視したまま拒否《きょひ》してかまいません。でも君が言えないのはどうしてか？

君は母親にいろいろ世話になってはいませんか？　例えば洗濯《せんたく》。例えば食事。例えば掃除《そうじ》。考えてみればそれらだってかなり「べたべた」していないでしょうか？　だって、君は自分のおしっこがついた下着を彼女に洗わせているのですから。でも、そこはOKなんですか？　君が食べ終えた、君の唾《つば》がついたお茶碗《ちゃわん》を君は彼女に洗わせてはいませんか？　そこはOKなんですか？　ひょっとしたらその点では君の方がべたべたしているとは言えませんか？

まずそこから手をつけてみてはどうでしょう。君は自分のことは自分でやる。自分の汚《よご》れ物はかごを分けて自分で洗濯する。朝食も早めに起きて自分の分は作る。学校が給食でなくお弁当だったら、それも作る。食堂があったら、そこで済ませてもいい。部屋を掃除されたくなければ鍵《かぎ》をつけてもいいですね。

つまり、君は君のことを自分でする、母親とは別人格であることをはっきりと行動で示し、彼女が当然の義務であり権利だと思っている親役割を奪取《だっしゅ》するのです。
労力がいるけど、これならできると思うし、ここから始めてみてください。

私の兄には障害があります

私には重い障害のある兄がいます。母も私もずっと兄を介護《かいご》してきました。恨《うら》んでいるわけではないし、兄のことは大好きです。でも、たまにわがままを言ったり、全部ほっぽり出して遊びに行きたくなったりします。私がちゃんとしないといけないことはわかっているので、そう思うたびに罪悪感を覚えます。（女性）

朽木祥さん

あなたは、重い障害を抱《かか》えたお兄さんを、お母さんとともにずっと介護してきたのですね。そんなあなたが（たとえ、どんなにお兄さんのことを思っていても）「たまにわがままを言ったり、全部ほっぽり出して遊びに行きたくなったり」するのは、ごくあたりまえのこと。自分を責めたり罪悪感を感じる必要など、まったくありません。

でも、きっとあなたは、お母さんのご苦労を見てきて、「自分だけが逃《に》げてはいけない、自分は負担をかけまい」と考えてしまうのでしょう……。

実は、私の友人にも障害を抱《かか》えた妹がいます。やはり妹を支えながらでしたが、希望の進路に進み、結婚《けっこん》して子どもも三人もうけました。

どうして、そんなふうに生きられたのでしょうか。はたから見ていて分かったのは、「(親しい相手には)オープンに事情を話していた」「進んで助けを求めていた」ことでした。妹をどこにでも連れてきましたし、症状《しょうじょう》についても話してくれたので、親しい友人はみんな、状況《じょうきょう》を理解して受け入れられるようになったのです。ささやかですが手助けもしました(ただし振《ふ》り返ってみると、二人から教えてもらったことの方がずっと多かったと、みんなが口をそろえます)。

また、障害を抱えた方のきょうだい(や家族)をサポートする機関もあります。各自治体の公的な窓口もあれば、NPO法人などもあって、様々な取り組みをしています。ゆっくり話を聴《き》いてもらって心の重荷を下ろすこともできますし、具体的な介護支援を受けることもできます。中には、あなたの気持ちにそぐわない対応のところもあるかもしれませんが、そんな場合は遠慮《えんりょ》なく別のところにサポートを求めに行ってよいのです。そのときも大切なのは、決して自分を責めないことです。

本当なら、障害を抱えた方の介護は、家族だけでなく社会のみんなで取り組むべきことなのです。つらいとき、困ったときには一人で抱えこまないようにして下さいね。

あなたも、あなたのお兄さんも、この社会の〝かけがえがない、大切な存在〟なのですから。

最後に――「助けを求める」のは、弱いからではないと私は考えています。本当に強い人は、助けを借りることをこわがらないものです。なぜなら、自分も助けを求められればきっと応じるので、他の人もきっとそうしてくれると信じているからです。

どうか、あなたが心から楽しめる時間を持てますように！

寮美千子さん

障害のあるお兄さんのことが大好きで、おかあさんといっしょに介護をしてきたあなたは、とてもやさしい、いい子なんですね。もっといいことは「たまにわがままを言ったり、全部ほっぽり出して遊びに行きたくなる」と正直に言えることです。それこそが、あなたが「ちゃんとしている」証拠《しょうこ》です。自分自身の本当の気持ちに気づいて、それをきちんと言葉にできるからです。ですから、罪悪感を覚える必要なんて、全然ありません。

重い障害のあるきょうだいを持つ人のことを「きょうだい児」と呼びます。親が障害のある子を一生懸命《けんめい》介護しているのを見て、自分は手のかからないいい子を演じがちです。お手伝いもがんばります。甘えたりわがままも言いません。でも、心のなかにはやっぱり子どもらしく甘《あま》えたい気持ちがあるのです。それをがまんしがちなのがきょうだい児です。きっとあなたも、そんないい子であろうと、がんばってきたのではないでしょうか。

でも、そんなことを続けていると「自分」が空っぽになって、いつしかお兄さんの面倒《めんどう》を見るだけの人になってしまいます。お兄さんも、あなたなしでは生きられなくなる。

こんな状態を「共依存《きょういぞん》」と呼びます。一見麗《うるわ》しく見えても、実はいいことではありません。人はみな、自分の人生を生きる権利があり、生きるべきなのです。では、どうしたらいいのでしょうか。

あなたとおかあさんに、新しい勇気を持ってほしいのです。それは「人に頼《たよ》る勇気」「手放す勇気」です。デイサービスを使ったり、毎月何日間かは、お兄さんにショートステイに行ってもらったらどうでしょう。

その間に、充分《じゅうぶん》に羽を伸《の》ばしてください。お兄さんのことをすっかり忘れて、友達と遊ぶもよし、おかあさんやおとうさんと小さな旅行に行くのもいいでしょう。いままで甘えられなかった分、たっぷり甘えてみたらどうでしょうか。そうしたら、またフレッシュな気持ちで、お兄さんの面倒を見ることができるでしょう。いっそ、お兄さんに施設《しせつ》に入ってもらい、週末に会いに行くのも、一つの方法かもしれません。

自立とは、一人で抱《かか》えこむことではありません。たくさんの他者に少しずつ依存できるようになること。そうすることで、人とのつながりが生まれ、自分自身の人生を生きることができます。抱えこむよりも、もっと豊かな人生が、お兄さんにもあなたにもきっと待っています。さあ、勇気を出して！

第三部

将来に
悩んだとき

六

お金のこと

他人のお金で生きている感覚がする

私の家は生活保護を受けています。経済的に厳しいということは友達も知っていますが、からかわれるのがいやなので、生活保護のことは打ち明けていません。ずっと、自分のお金ではなく、他人からもらったお金で生きているという感覚があって、それもつらいんです。（女性）

ドリアン助川さん

あなたはまだ働いていないのですから、あなたの家が生活保護を受けているのは、あなたのせいではありません。自分を責めないようにして下さいね。

長い人生、さまざまな風が吹《ふ》くものです。ひょっとするとあなたは親のことをふがいないと思っているかもしれませんが、親は親で苦しんでいるでしょうし、あなたを逆風にさらしているという心の痛みもあるはずです。まずは今あなたが背負った環境《かんきょう》を、恥《は》じるのではなく、恨《うら》むのでもなく、「始まるのだ」という意識に転換《てんかん》していきましょう。

え？　いったいなにが始まるのかって？

素晴らしい、あなたの冒険《ぼうけん》の人生です。

どんな物語でもいいです。想像してみて下さい。生まれつき裕福《ゆうふく》で生涯《しょうがい》お金に困らず、美形でモテモテで家庭円満、最後まで幸福でした、なんて主人公がかつていたでしょうか。そんな人の物語があったとしても、誰《だれ》も読みませんよね。つまらないから。

ほぼ全ての物語の主人公は何らかの逆境のなかにいるものです。貧乏《びんぼう》だったり、窮地《きゅうち》の連続だったり、不幸な環境だったり。そこから知恵《ちえ》と工夫をもって這《は》い上がり、自分の人生を切り開いていく主人公だからこそ、ボクたちは拍手《はくしゅ》をもって迎《むか》えるのです。

あなたもそうです。家にお金がなく、生活保護を受けている。その環境になじめずにいる。もしこれが物語の設定だったら、申し分ありません。

だから始めましょう。あなたの物語を。

まずは勉強することです。塾《じゅく》に行かずとも高い参考書を買わずとも、図書館に行けば、あるいはネットを駆使《くし》すればただで勉強できる時代です。どんな分野でもいい、これだけは得意だ、誰よりも知っているという専門的なフィールドを開拓《かいたく》して下さい。それがあなたの道を切り開いていく道具になります。

そしてその分野をともに学ぶ人たちと、どんどん知り合いになっていくべきです。ネットで通じ合うだけのメル友でもいいのです。学びの共通項《こう》がある人であれば、それがともに惹き付け合う材料になります。あなたの家庭の事情を知って一緒《いっしょ》に思い悩《なや》むことはあったとしても、あなたを蔑《さげす》んだりはしないはずです。

独自の分野を学ぶこと。その分野で知人、友人を増やしていくこと。どうぞこの二つを胸を張ってやって下さい。必ず道は開けます。素晴らしい、冒険の人生が始まります。

吉岡忍さん

あなたは日本国憲法を読んだことがありますか？　憲法は国の最高法規、いちばん大事なルールを記した法律です。その第二十五条に「すべて国民は、健康で文化的な最低限度の生活を営む権利を有する」「国は、すべての生活部面について、社会福祉《ふくし》、社会保障及《およ》び公衆衛生の向上及び増進に努めなければならない」とあります。

つまり、経済的に厳しい人は生活保護を受ける権利があるし、政府はそういう人や家族の生活の面倒《めんどう》をみる義務があるということです。政府の第一の仕事は国民の暮らしを守ることですからね。もちろんそのお金のもとは税金ですが、あなただって何かを買えば消費税も同時に払《はら》っているので、すでに立派な納税者ですよ。だから、他人からもらったお金で暮らしているなんて、いちいちうしろめたく感じる必要はありません。

社会とか、世の中というのは、お互《たが》いに持ちつ持たれつ。困ったときは助けてもらい、少し余裕《よゆう》ができてきたら誰《だれ》かを助け、ということで成り立っています。それを心がけだけで終わらせないために明文化し、生活保護も当たり前の社会制度なんですよ、と定めたのが日本国憲法です。なかなかたいしたものでしょ、憲法って。

ついでに言うと、憲法第二十六条には「すべて国民は、法律の定めるところにより、その能力に応じて、ひとしく教育を受ける権利を有する」とあります。お金がないからといって、学校で小さくなっていることはありません。正々堂々、ちゃんと授業に出て、しっかり勉強してください。

それにしても、生活するって大変ですよね。一生懸命《けんめい》働いても、なかなか楽になりません。そのひとつの理由が非正規雇用《こよう》、つまりパートやアルバイトや派遣《はけん》など不安定な仕事で稼《かせ》がなくてはならないから。いま日本中の働き手の十人に四人がそんな働き方をしています。あなたの親もそうかな。

ここであなたに考えてもらいたいことは、二つ。第一は、どうしてこんな社会になってしまったのか、誰が得をし、誰が損をしているのかを調べ、どう改革すればよいかを考え抜《ぬ》くこと。あなたも学校で習ったでしょうが、企業《きぎょう》の従業員には労働条件や賃金を向上させるために労働組合をつくり、経営者に要求する権利が認められています。その組合の力がなぜいまあまり強くないのか、そのことも考えてください。

第二に、自分でやりたい仕事を考え、その実現のための準備を入念にすること。でないと、他人に使われるだけの人生になってしまうかもしれない。もちろん就職することだけが仕事ではありません。自分で店を開いたり、腕《うで》一本で何かを作ったりすることも大事な仕事です。そのためには町を歩きながらでも、人がどんなものを欲しているか、何がダメで、何がよいのかを考えてみることも大事です。どちらに進むのであれ、あなたの腕と才能で生きていける仕事を見つけて、いや、作り出してください。

パパ活の何が悪いのでしょうか？

私はお金のない家に生まれました。お小遣《こづか》いもないし、アルバイトもできません。だからネットで知らないおじさんとご飯したり、ちょっとしたパパ活みたいなことをしています。友達からは「危ないんじゃない？」と言われますが、体を売っているわけではないし大丈夫《だいじょうぶ》。私、別に間違《まちが》っていませんよね？（女性）

俵万智さん

お金は、広い意味で「人間の欲」をかなえるものです。おいしいものを食べたいとか、服が欲しいとか。この欲っていうのが、やっかいなもので、満たされるとまたさらなる欲が湧《わ》いてくる。すると、さらにまたお金が必要になる。欲とお金のいたちごっこです。

いたちごっこには二つの向き合い方があります。一つは、欲に合わせてお金を手にできるようがんばること。もう一つは、欲を飼いならすこと。これはどちらかを選ぶというよりは、たいていの大人はミックスで生きています。

欲のためにお金を稼《かせ》ぐというのは、わかると思います。今あなたがしていることも、それに近いかもしれない。もう一つの、欲を飼いならすということ、これ、知っていて損はないことです。それは単に我慢《がまん》するということではなく、満たされた心をしっかり味わうということです。ないものを見るのではなく、あるものを見る。ないものは無限ですが、あるものは限られている。それを大事にできるとき、人は幸せを感じられるんじゃないかなと思います。

さて、あなたは、どんな欲を満たしたくてネットで知り合ったおじさんとご飯を食べているのでしょうか？　また、おじさんは、どんな欲を満たしたくて、あなたにお金を渡《わた》していると思いますか？

あなたのしていること、今の段階では悪い結果にはなっていないのですね。そういう意味では間違《まちが》っていないかもしれない。でも、とても危なっかしく感じました。特に、おじさんの欲について、もう少し考えてみてほしい。あなたとご飯を食べるだけで満たされる人もいるでしょう。でも、それと同じ確率（いやたぶんそれ以上の確率）で、体の関係を欲している人がいます。下心を隠《かく》して近づく人、お金をかけて断りにくくする人、恋愛《れんあい》のような雰囲気《ふんいき》に持っていく人、最後には暴力で欲を満たそうとする人。世の中にはいろんな大人がいます。

心配してくれる友達がいるんですね。素敵なことだと思います。友達と、もっと話をしてみませんか。ささいなことから、人生についてまで。語り合うこと、それにお金はかかりません。いや、むしろお金がいくらあっても、友達がいなかったらできないことです。

欲とお金には、いい大人でも振《ふ》り回されるもの。きれいごとではすまないのも現実です。何を幸せと感じるかは人それぞれ。ただ、お金でかなえられない幸せをたくさん感じられる人生は、とても豊かだと思います。

ドリアン助川さん

どんな人間も、生まれる時代と環境《かんきょう》、そして親を選ぶことができません。つまり、あなたがお金のない家に生まれたのはあなたのせいではありません。あなたが偶然《ぐうぜん》背負ってしまった環境なのです。

ただ、その環境のなかでどう生きていくのか方法を探ることは、すべてあなたの選択《せんたく》です。知恵《ちえ》と工夫です。そしてあなたが選んだ日々の連続が、誰《だれ》のせいにもできないあなたの人生になっていくのです。

世間ではなんと言われるかわかりませんが、知らないおじさんとご飯したり、パパ活で潤《うるお》うものがあるなら、それもひとつの方法だと思います。そうしたおじさんの大半、いや、ほぼすべてには下心があり、できればあなたの肌《はだ》に触《ふ》れてみたい、抱《だ》いてみたいと思っていることでしょう。それでもあなたがそのおじさんたちをコントロールでき、自分で決めた許容範囲《はんい》のなかで行為《こうい》を選択できるというなら、経験として無駄《むだ》ではない、むしろけっこう面白いかも、とも思うのです。

ただね、その生活に慣れてしまうと、とてもやっかいなことが起きるのです。それはあなたのなかに「依存心《いぞんしん》」が起き、いつしかそれが当たり前になってしまうことです。おじさんの手を握《にぎ》ってあげる。ときには肌にも触らせる。それでお金をもらえる。その図式が当然になってしまうと、あなたはいくつになっても、女の一部を売る、あるいは全部を売ることでお金を得る方法から逃《のが》れられなくなる可能性があります。その末路になにが待っているのか。自分では道を切り開くことができない、誰かになにかをしてもらうのが当たり前だと思うような人生です。あなたはその人生を素敵だと思いますか？

生きるために色々な方法を模索《もさく》してみるのはいいことだと思います。おじさんたちの寂《さび》しさに手を差し伸《の》べてあげるのも、あなたがお金で自分を見失ってしまうことがない以上は良い経験でしょう。しかしそれでも選ばなければいけないのは、あなたが主体的に生きるための具体的な方法です。今どう踏《ふ》み出すかは、あなたのこれからの人生の分岐点《ぶんきてん》なのです。ちょっとやばいかも、と感じるときはこのことを思い出して下さい。

それは主体的な行為なのか。それとも依存なのか。今がまさに分岐点なのだと思いました。

お金がなくても成績を上げる方法はありますか？

塾《じゅく》に通う経済的な余裕《よゆう》がありません。周りのみんなは塾で成績をどんどん上げていて、焦《あせ》っています。ぼくは、お金はないけど、いい学校に行って、いい仕事について、一発逆転したい。お金をかけなくても、みんなに追いつける方法はありますか？（男性）

茂木健一郎さん

とても大切な、そしてみんなに役に立つご質問をありがとうございます！

確かに、ご家庭の経済的な余裕と、成績や進学実績の間には「相関」があることを示唆《しさ》するデータがあります。世間的にも、たとえば東京大学の学生の親の世帯年収が高いと報道されたり、お金のある家庭の方が学習する上で有利だという認識があります。

しかし、お金がないと勉強することができないとか、成績を上げられないということでは必ずしもありません。

私自身は、塾には一切行きませんでした。それでも、成績は自分で言うのも何ですが、とても良かったのです。

どうしてかというと、自分なりの勉強法を確立していたからです。脳の報酬《ほうしゅう》物質であるドーパミンを使った勉強法を独力で編み出していました。今の自分にとって、がんばればぎりぎりできるかもしれないレベルに課題を設定します。そして、あとは制限時間を決めて、全力で取り組むのです。ドーパミンは、できるかどうかわからないことが成功したときに、一番放出されます。ドーパミンが出ると、神経細胞《さいぼう》の結合が強化されます。これを、強化学習といいます。

今隆盛《りゅうせい》の人工知能もまた、強化学習のメカニズムを応用しているのです。それくらい効果的な勉強法なのですが、その実施《じっし》に塾は要りません。ただ、自分との対話、工夫が必要なのです。

何を学ぶべきかという「カリキュラム」や、学校で使っている「教科書」をしっかりとつかむことも大切です。

安藤忠雄《あんどうただお》さんは高校しか出ないで世界的な建築家になり、東京大学の教授にもなりました。その安藤さんは、京都大学に通っている友人に建築学のカリキュラムや教科書を聞いて、それで勉強したそうです。独学しているとどうしても学びが偏《かたよ》りがちですが、安藤さんのようにすれば王道を外れません。

作家のヘルマン・ヘッセや、マーク・トウェイン、発明家のトマス・エディソン、物理学者のマイケル・ファラデーなど、独学で大成した偉人《いじん》はたくさんいます。

ましてや、インターネットで、さまざまな情報が入る時代。現代は、偉大なる独学者の時代だとも言えるでしょう。

ぜひ、いろいろな情報を集めてみてください。絶対にできます！

エドワード・レビンソンさん

私は日本在住四十年ですが、教育に対しての考え方は西洋的です。正直に言えば、私は日本の塾を良しとしません。長い目で見れば利よりも害の方を怖《おそ》れます。「塾」の英語訳は「cram school」と言い、「cram」の意味は「詰《つ》め込《こ》む」で、事実とテストの答えを頭に詰め込むのです。良い成績をとるためのテクニックばかりを学ぶのです。

アメリカでは、良い学校に入り、就職するための標準テストにおいては成績の比重は一部で、部やクラブなどの活動、ボランティア、バイトの経験、創造的思考などが同じくらい重要です。

日本では、テストで良い成績をとって良い学校に入り、良い仕事に就き、安全な人生を得ることが伝統的に良しとされてきました。今やそれも変わりつつあります。多くの高校や大学の卒業生は好きな仕事を見つけられない。会社での終身雇用《こよう》を保証されない。同時に多くの業界で人手不足。私は、自己学習の体験者、独自に思考出来る人ほど、これからのビジネスで重要な人員となると信じます。だから塾にそれほどの重要性はなくなると思います。

お金を使わずに成績を良くするために、塾に代わる方法を考えましょう。たとえば、一つは「相互扶助《ふじょ》」。自分にパソコンやスポーツや何かの趣味《しゅみ》のスキルがあれば、その得意なことを近所の大学生や先輩《せんぱい》と交換します。特別なスキルがなくても、学習指導と労働を交換できます。これは「恥《はじ》」ではありません。

皆《みな》と学習サークルを作ることも、別の選択肢《せんたくし》です。お互《たが》いに助け合い励《はげ》まし合い、友好的に競争しながら、自分の学びたいという希望を強固にする。同時に仲間の考え方、感じ方を学ぶことができます。

もっとも難しい選択肢は自己修練を極め、自分だけの勉強方法を作ることです。図書館や、入学試験のガイドブック、インターネットなどの無料の情報源を使い、研究のテクニックを磨《みが》きましょう。

私はテストの結果と勉強の必要性を理解していますが、それらは必ずしも人を善くし幸福にするものではありません。塾以外での実地見学、日常生活、アルバイト、デートや友人との気楽な遊び、年長者との語らい、これらの全てが大切な無料の情報源です。これらが実り多い喜ばしい人生、そして人格を形成する偉大《いだい》な資源となります。学習の秘訣《ひけつ》は実生活における実在の人々と交流することです。目と耳と心をオープンにし続けることが善い学習につながります。そして、これもまた無料です!

お金がなくてもオシャレになれますか？

お小遣《こづか》いももらえないし、新しい服も一年に一回買ってもらえたらいいほう。そんな家庭に育ちました。周りの子たちは、学年が上がるにつれてどんどんオシャレになっていくように思う。私だけがダサいままで恥《は》ずかしい。お金はなくてもできるオシャレって、ありますか？（女性）

河野万里子さん

お金はなくてもできるオシャレ、あると思う！　それにはまず「オシャレだな、いいな」と思う人を観察することから始めるといい。なぜステキに見えるのか。上（トップス）と下（ボトムス）をどんなふうに合わせてるのか。靴《くつ》は？　カバンやアクセサリーや髪型《かみがた》は？

次は情報をインプット。図書館とか歯医者さん、美容院など無料《ただ》でファッション誌を見られるところで、そのシーズンの流行やコーディネート（以下コーデ）のコツを頭に入れる。スマホで好きなファッションサイトやオシャレな人を見たりするのも、参考になる。

基本としては、上下どちらかがふんわり、ゆるっとした形なら、もう一方はぴったりすっきりに。柄物《がらもの》は無地に合わせるといいし、その無地の色は柄の中にあるどれか一色を選ぶとうまくいく。明るい色を着るなら、ベージュ、グレー、紺《こん》、黒、白といったベーシックカラーのどれかと合わせる。ジーンズもたいてい何にでも合う。上下とも黒や白でまとめるオールブラックやオールホワイトのコーデは、ベルトや帽子《ぼうし》やアクセサリーでアクセントをつけると、手持ちの服どうしでも安い服でも、オシャレ上級者風にカッコよくなるはず！

似合うかどうかも、オシャレには大事。観察やインプットしたことを思い出しながら、鏡の前で組み合わせを変えてあれこれ試したり、たまには人に見てもらったりもしよう。

そして服を格安で手に入れるには、保育園や教会などで開かれるバザーやフリーマーケット、リサイクルショップなどがオススメ。東京なら救世軍《きゅうせいぐん》が毎週土曜日にバザーを開いているし（jintest.jinboom.com/）、ネットの「ジモティー」では全国のバザーやフリーマーケットの開催《かいさい》情報も見られる。今は断捨離《だんしゃり》しようとしている人も多いから、信頼《しんらい》できるちょっと年上の人がいたら「着なくなった服があったらください」ってたのんでしまうのもありだと思う。ファストファッションのお店のセール、折々の値下げや期間限定価格もねらい目だね。

工夫次第でオシャレに見せるのって、やってみると楽しくなってくるよ。少しずつセンスが磨《みが》かれて、大人になっていける気もするし、その積み重ねでやがては自分の個性もできあがっていくのかもしれない。私は今やすっかり大人になって、ほしい服も自分で買えるようになったけど、周囲のいろんな人たちを見ていて思う。お金にたよらないオシャレのできる人が、結局一番オシャレな人じゃないかって。

中井貴恵さん

あなたの言う「ダサい」とはどんなことを言うのでしょう?

今流行のみんなが持っているような服を持っていないということでしょうか?

海外へ行って日本に帰ってくると日本の若者はみんな同じに見えてしまいます。みんな同じ格好をしている。ミニスカートが流行っていればみんなミニスカート、髪型《かみがた》もメイクもみんな似ている。顔は一人一人違《ちが》うはずなのにみんな同じに見えてしまう。そう、その時の流行に追随《ついずい》することが若者のおしゃれなんですよね。それぞれが個性を発揮《はっき》し独自のおしゃれを楽しむのではなく「みんなと同じであること」がとても大事なんですよね。

若い人たちのその気持ちはとても良くわかります。だって私たちもそうでしたもの。

私たちにも若い時代がありました。それぞれの時代にそれぞれの若者の流行があるのです。

でもあなたの場合、家庭の事情もあり欲しいものをすぐに買ってはもらえない。ならば、お金をかけなくてもできるおしゃれをしようということですが、たとえお金をかけていても見る人が見ればダサい服はたくさんあります。服はその人が身にまとったとき、その人に似合うか似合わないかであり、センスの良い人ならどんな服でも上手に着こなします。値段にかかわらず、新しい古いにかかわらずです。私はおしゃれはお金をかけなくてもできると思っています。たとえば何の模様もない真っ白いTシャツ。それ一枚でも裾《すそ》をウエストから片側だけだしてみたり、袖《そで》を少しだけまくったりして着こなせば全く印象がかわります。何枚も持っていなくても一枚で違った印象を与《あた》えることができるはずです。手作りのアクセサリーなんてどうですか？　安くてもかわいいビーズを使ってブローチやネックレス、ブレスレットを作り、さりげなくそれをしてみる。もし友達が「ね、これかわいいね、どこで買ったの?」なんて聞いてくれたらしめたものです。「どこにも売ってないよー。世界に一つだよー」と答えればいいのです。

そしてもう一つ、十代の皆《みな》さんがこれから年を重ね、いつか本当に内面からおしゃれで素敵な女性になるために一日一度、とびきりの笑顔で人と接することを今から心がけてはいかがでしょう。どんなものを持っていてもどんなものを着ていても、あなたのとびきりの笑顔があればそれが一番のおしゃれになります。おしゃれは決して外見だけではありません。

七 進路のこと

みんなと同じように進学したい

家庭の事情があり、親からは中学校を卒業したら就職して働いて金を入れろと言われています。本当はみんなと同じように勉強したいし、もっと遊びたい。なんで自分だけこうなんだろう。家のせいで差が付くのが納得できない。（男性）

六草いちかさん

私も似た境遇《きょうぐう》にあったのでその気持ちがよく分かります。私の場合は高校卒業の頃《ころ》でしたが、大学にかかる費用を親に頼《たよ》れる状態になく、けれども学ぶことへの思いが強かったので、一旦《いったん》は就職し貯金して専門学校に通い、ドイツ留学を目標にまた働いて……と自力で勉学を続けました。あなたはあの頃の私よりもずっと若いし、家計も支えなければならないのだから、不安もより大きいですね。

私が自身の体験からあなたに伝えたいのは、「頑張《がんば》る前に諦《あきら》めない」ということです。

昼間は働かなければならないなら、夜間にぜひ学んでください。知り合いに若くして伝統工芸の世界に弟子入りし定時制高等学校を卒業した人がいます。職人になるためには学歴不要ですが、本人の意思がそうさせたのです。担任の先生に相談してください。親には言えなくても、先生には内緒《ないしょ》でもいいからどうか悩《なや》みを打ち明けてみてください。

仕事と学習の両立は大変ですが、辛《つら》いばかりではないはずです。進学していった「みんな」とは別れても、同じ環境《かんきょう》で頑張る「みんな」がそこにいます。「なんで自分だけ」という思い、痛いほどよく分かります。けれどもこれは好転させることができるのですよ。

やってみて初めて分かるということがあるでしょう? スポーツでも料理でも物作りでも。苦労も、重ねて初めて見えてくるものがあります。本当の意味での人の心の美しさとか、物のありがたみとか。かけがえのない大切なことを、身をもって知ることができるのです。

学びたいと思う気持ちはとても尊いものです。この思いをなんとか生かしてあげてください。張り切りすぎず、ときには息抜《いきぬ》きの時間も確保しながら、前に向かって歩んでください。結果的に途中《とちゅう》で挫折《ざせつ》してもいいのです。苦労を重ねていると、限界が来ても納得が得られ、自分の人生とも折り合いがつくのです。とりあえず、高校卒業を目標に自分の運命と闘《たたか》ってみてください。先のことなど誰《だれ》にも分かりません。もしかすると十年後には大学を出て博士《はくし》課程に進んでいるかもしれないし、今は想像もできないような職業に就いているかもしれません。

私はドイツに住んでも学ぶことを続け、念願の大学にも入りました。けれども途中で学費に事欠き中退を余儀《よぎ》なくされたので、私の学歴は高卒のままです。悔《くや》しく思う反面、その道のりで得たものは計り知れず、よく頑張ってきたと自身の人生に納得しています。したいことが分かっているあなたの人生は、悲しいだけで終わるものではないと、私は確信しています。

茂木健一郎さん

ほんとうにそうですね。

家の経済力で、進学できるかどうか、学ぶことができるかどうかを左右されるのは、本来おかしいのです。

国が、政策として、奨学金《しょうがくきん》やその他の制度を充実《じゅうじつ》させて、家の経済力に関係なく、学びたい人にはその機会を与《あた》えるのが望ましいと私も考えています。ぜひそのような変化を実現したいですね。

とは言うものの、今、現実にそのような選択《せんたく》を迫《せま》られているとしたら、次のように考えてみてください。

まず、学びは、必ずしも学校だけで得られるものではないということです。働きながら学ぶこともできます。仕事をする上ではさまざまな知識、スキルが必要ですし、何よりも他人とのコミュニケーションのとり方や、組織のあり方などについて実地に学ぶこともできます。

また、仕事をしながら、通信制などの方法で学ぶこともできます。最近は通信制の学校も随分《ずいぶん》充実してきて、そこで卒業資格を得てさらに進学するようなケースも増えてきています。学びのあり方が多様化した現在は、今までの意味での「学校」に行かなくても、学び続けることはできるのです。

ですから、まずは、学ぶことを諦《あきら》めないでください。どんな時でも、好奇心《こうきしん》さえあれば、学び続けることはできるはずです。人間の脳にとって、学ぶことは一つの本能です。学びの本能が、たった一度のキャリアの選択によって完全に消えてしまうことなどあるはずがありません。

そして、これが一番大切なことなのですが、さまざまな家庭のご事情などがあるにせよ、最後に進路を選ぶ時には、いろいろ調べて、考えて、納得した上で、自分自身で決めていただきたいということです。

まずは、学び続けるための、ありとあらゆる可能性を探ってみましょう。ご家族も、本気でこうしたいと言えば、賛成してくださるかもしれません。

また、働くことにした場合でも、それが自分の今置かれた状況の下での最良の選択であると心から納得して選んでいただきたいのです。

その選択が、ご家族に強制されてしまったとか、不本意なものだと思ってしまったら、後悔《こうかい》が残ります。自分で選んでこそ、頑張れます。人生は長いのです。今自分で納得できる選択をすることで、これからの日々を頑張ることができ、いつか必ず花が咲《さ》く時が来ます。

自分が好奇心を持っていること、興味を惹《ひ》かれることに夢中で取り組んで、熱中することさえ忘れなければ、人はどこでも学ぶことができます。生きている限り、人生は学びの連続なのです。

受験に失敗して母の期待に応えられないのが怖い

ぼくの母は昔から教育熱心で、幼稚園《ようちえん》受験も小学校受験も経験しました。「あなたの将来のためよ」と、ぼくのことをいつも考えてくれるのです。来年はいよいよ高校受験なのですが、最近になって成績が伸《の》び悩《なや》んでいます。もしここでつまずいてしまったらどうしよう。母の期待に応えられないのが怖《こわ》いです。(男性)

河野万里子さん

その怖さ、苦しいね。きみの心の蓋《ふた》を少し開けてみたら、じつはうっとうしい思いもあるんじゃないだろうか。お母さんの態度や言葉が重荷になって、きみは少し追いつめられているんじゃないだろうか。だからこそ、成績も伸び悩んでいるのかもしれない。

はっきり言おう。きみのお母さんは過干渉《かかんしょう》だ。でもお母さんは「あなたのため」って言葉の陰《かげ》で、たぶんそれに気づいていないだろうから、そう指摘《してき》したり反抗《はんこう》したりするのはやめておこう。そのかわり、きみがしっかり認識しよう。お母さんは過干渉で、過干渉はきみの主体性をじわじわ奪《うば》い、きみの心を委縮《いしゅく》させる。委縮した人間は、物事を前向きにとらえられなくなって、気がついたら失敗を恐《おそ》れてばかりいるようになる。きみもすでに「つまずいてしまったらどうしよう」「期待に応えられないのが怖い」と委縮して失敗を恐れているね。

さらに恐ろしいのは、恐れは現実になりやすいということ。心理学的なことらしいけど、「こうなったらどうしよう」と気にしつづけているうちに、その思いにがんじがらめになって、「こうなったら」と恐れていることを、なぜか逆に呼び込《こ》んでしまう。恐れていたとおりになってしまう。そういうことが多いらしい。でもそんなの、ぜったい避《さ》けたいよね。

だから、きみ自身が強くなろう。お母さんの目や言葉に縛《しば》られないよう、「親離《おやばな》れ」をめざそう。心の自立をめざそう。親子であっても、親と子は別人格だ。別の人間で別の個性を持っている。そしてそれは尊重されなくてはならない。たとえきみを産んだお母さんでも、きみのことは尊重しなくてはならないんだ。

そのためにも、まずきみが自分をしっかり見つめて、考えることだ。お母さんが望む高校に、きみもほんとうに行きたいと思っているのか。思っているなら、それはなぜか。そこでどんな高校生活を送りたいのか。何を学びたいのか。もっと先のことも考えてみよう。その高校を出たら、将来はどんな仕事をしたいか。どんな人間になりたいか。夢も描《えが》いてみよう。

ちょっと気持ちが晴れてきた？　夢を描いてみるのは「自由」への道でもあるのだから。もし夢がまだ見えないなら、高校で探せばいい。でも「自由」は「責任」も伴《ともな》う。だからきみは、気持ちを強く持ち、まずは目の前の勉強を思いきりやって、高校受験に向かっていこう。きみはお母さんのためでなく、将来のきみ自身のために、いま勉強しているのだ。

佐藤優さん

お母さんは、あなたのことをとても愛していると思います。それと同時に、あなたが難しい高校や大学に進学することで、「私の息子はこんなにすごいんだ」と自慢《じまん》したい気持ちもあると思います。それが過剰《かじょう》な教育への情熱につながっているのだと思います。親の子どもへの愛情は、「こうなれば幸せになるだろう」と親が思う像を押しつけることではありません。学校の成績と幸せは、直接関係しているわけではありません。具体的には四種類の人がいます。

成績が良くて幸せな人
成績が良くて不幸な人
成績が良くなくても幸福な人
成績が良くなくて、しかも不幸な人

私は昔、外交官でした。外交官には、難関大学の出身者が多く、学校時代の成績が良い人ばかりいました。しかし、それでも不幸な人が少なからずいました。お母さんにこの回答を見せて、「僕《ぼく》の幸せをほんとうに考えているならば、受験でこれ以上、プレッシャーをかけないで欲しい」と伝えるといいでしょう。お母さんにとっても、息子の幸せについて考え直す機会になると思います。

同時に受験勉強はしっかりやる必要があります。なぜなら、高校受験、大学受験で必要とされる知識は、社会に出てから役に立つものばかりだからです。特に重要なのが、英語と数学です。この二科目は、積み重ねが重要になります。ある箇所《かしょ》がわからなくなってしまうと、それを基礎《きそ》にして展開される勉強が一切、わからなくなってしまいます。高校受験レベルならば、覚えることの量が少ないので丸暗記で対応することができます。しかし、受験対策で理解せずに丸暗記した事柄《ことがら》は、高校に合格したらすぐに忘れてしまいます。特に数学に苦手意識があると、数学的知識が不可欠になる物理と化学もわからなくなります。成績が伸び悩んでいるのは、理解できない学校の勉強で理解が不十分な箇所《かしょ》があるからです。その部分の復習を徹底《てってい》的に行い、不安を解消することを勧《すす》めます。お母さんを喜ばせるためでなく、自分のために勉強するという意識に切り替《か》える必要があります。

卒業したら母のために働きたい

父が死んで、母はずっとひとりでぼくを育ててくれました。感謝しかないです。母の役に立ちたいので、中学を出たら定時制の高校に通い、昼はアルバイトをしたいと思っています。母は普通《ふつう》の高校で勉強してくれと言いますが、うちにそんな余裕《よゆう》がないこともわかっています。ぼくはどちらを選ぶべきですか？（男性）

濱野京子さん

あなたは今、二つの選択肢《せんたくし》を前に悩《なや》んでいます。全日制高校に行くか、定時制に通って昼間アルバイトをするか。それは、同い年の友だちよりも一歩前に進んでいる、といえるかもしれません。なぜかというと、悩むことで、全日制の高校進学が当たり前の中学生よりも、多くのことを考えているのですから。悩んだり迷ったりって大切なことだと思います。なんて言われても、悩み真っ最中のあなたには、何の慰《なぐさ》めにもならないかもしれませんが。

ということで、まず前提として、選択肢は二つとは限らないことを押《お》さえておきましょう。高校には通信制というのもあります。高校進学せずに勉強を続け、高卒認定試験に合格して、大学進学をめざす方法もあります（夜間大学という選択もあり。私は家が貧乏《びんぼう》だったので、公務員をしながら夜間大学に通いました）。それから、高校ではないけれど、高等専修学校に進んで実務的なことを学べば、資格を得たり、国家試験などの受験資格を取得できたりしますし、条件によっては高卒資格を得ることも可能です。

別の角度から考えます。あなたは経済的に問題がなければ、普通の高校に行きたいですか？　もしその答えがＹｅｓなら、お母さんの思いに応えてはどうでしょうか。お母さんは、今は大変でも、将来、少しでも苦労が少ないようにという気持ちがおありなのだと思います。実際には、「人間万事塞翁《ばんじさいおう》が馬《うま》」ではありますが、やっぱり学歴などに左右される世間というのも、残念ながら確かに存在するんです。

では、どのようにしてあなたの高校生活を成り立たせるか。まずは、使える制度は使い倒《たお》すこと。文科省のサイトをチェックしてください。高校生等への修学支援《しえん》というページに、「高等学校等就学支援金制度」（授業料無償《むしょう》化）、「高校生等奨学《しょうがく》給付金」（授業料以外の教育費負担の軽減）などについての説明があります。高等専修学校でも、この制度は受けられます。こうした制度を上手に使って負担を減らします。その上で、アルバイトなどでお母さんを助けることを考えてみてください。

もしも、手続きのことなどがわかりづらいと思ったら？　まわりで頼《たよ》れる大人を探してください。先生でも親戚《しんせき》でもいいです。大人なんて信用できないと思っても、必ず頼りになる人はいます。各地域には若者支援のＮＰＯなどもあるはずです。探して見つけ頼ってください。

※文科省の高校生等への修学支援サイト

http://www.mext.go.jp/a_menu/shotou/mushouka/index.htm

冲方丁さん

私も少年時代に父を亡くしました。当然ながら経済的なことを考えざるを得ません。そして残された母親が、必死に自分たちを育ててくれた。そのことへの感謝の念も、よくわかります。

そんなお母さんが、あなたに普通の高校に通ってほしいと願う。それが、お母さんにとっての生きがいとなり、誇《ほこ》りとなることは間違《まちが》いありません。あなたは、甘《あま》んじて、お母さんの恩恵《おんけい》を受けるべきでしょう。申し訳ない、という気持ちを忘れずに、しっかりと、お母さんが望んでくれた学校に通うのです。

なまけずに勉強することも大事ですし、友達と楽しい時間を過ごすことも大事です。ときには調子に乗ってはめを外し、お母さんに怒《おこ》られることもあるでしょう。それでも、お母さんのおかげで、本当に充実《じゅうじつ》した時間を過ごすことができている、将来のために学ぶことができている。そういう姿を、お母さんに見せてあげて下さい。

もちろん、それでも悔《くや》しかったり辛《つら》いこともあるでしょう。経済的な問題はつきまといます。しかしそれは大人になっても同じです。あなたが働いても同じです。

お母さんは、あなたからお金がほしいでしょうか?

あなたという子どもを、立派に育てることができた。経済的な辛さに負けず、あなたを学校に通わせることができた。そのおかげで、あなたはあなたの人生を手に入れることができた。そうしたことが、お母さんにとっての本当の喜びになるのです。

あなたがお母さんの支援《しえん》を無駄《むだ》にせず、立派に生きる。

あなたがお母さんにしてあげられる、これ以上の恩返しが、あるでしょうか。

お母さんに甘えて下さい。そしてその分、素晴らしい人間になって、お母さんを喜ばせてあげて下さい。

親に頼らずひとりで生きていきたい

ぼくの父はどうしようもないクズ親です。酒やパチンコに金を使ってばかりで、母も愛想をつかしてひとり逃《に》げてしまいました。取り残されたことも腹立たしいけど、とにかくこの父が憎《にく》い。今すぐ親との縁《えん》を切って、家を出たい。十四歳《さい》のぼくが、親に頼《たよ》らずひとりで生きていく方法はありますか？（男性）

芝田勝茂さん

家族だからこそ、憎くなったら「父なのに」「母なのに」という思いがあるだけ、その反動で、とことん憎くなってしまう。家族や近親者のひきおこす傷害事件も多いよね。肉親って、距離《きょり》が近すぎて、ちゃんと見つめられなくなってしまうんだ。お父さんにはお父さんの事情があり、酒やパチンコに金を使いはたしてしまうような、心の闇《やみ》をかかえる出来事があったにちがいない。好き好んでクズ親になりたいわけではないからね。

でも、そんなことは、息子であるきみには関係ない。「今すぐ親との縁を切って、家を出たい」という気持ちは、いたいほどわかる。わたしも、そんな感情を肉親に抱《いだ》いたことがあるから。でもわたしはすぐには家を出られなかった。臆病《おくびょう》だったから。うん、外の世界へ出ていき、ひとりで暮らしていく勇気も、自信もなかった。だから高校を卒業するまで、家にいた。……ちなみに、高校生活の三年間は、最高に楽しかった。青春。父親のことなんか、どうでもよかった。わたしは、人生で学ぶべきことと、感じるべきこと、それも、そのもっともすばらしい部分を、高校生活で受け取ったと思う。

高校を出たら、さっさと家を出ていく、それなら、多くの若者が選択《せんたく》する方法だ。十四歳のきみが、ひとりで生きていく方法は、ないと思う。でも、このままずるずると大嫌《だいきら》いな父親のもとでがまんして暮らすよりは、社会の荒波《あらなみ》の中でじぶんひとり、しっかりと生きていったほうがいいと思うなら、どうぞ。年齢《ねんれい》をごまかして、大人の生活に入っていくしかない。でも、そこには、おそろしい大人がたくさんいる。きみは若いというだけでも、かれらにとっては「おいしい獲物《えもの》」だ。とんでもない目にあう。二十歳までに、きみはきみの父親なみの、あるいはもっとすさまじい、人生経験をするだろう。それも覚悟《かくご》しているなら、何もいえない。ただ、父のせいでこうなった、なんてことだけはいわないで。きみが決めたのだから。あと、もうひとつ。これは、わたしからのお願いだ。

家を出る前に、お父さんと「サシ」で話してほしい。

この家を出ていこうと思っている。その前にききたい。あなたは、どうして、パチンコとか酒びたりになったのか。

その理由をきいてほしい。きみはともかく、きみのお父さんの人生だって、まだ始まったばかりだよ。お父さんにチャンスをあげてほしい。きみと話すチャンスを。

那須正幹さん

困った父親ですね。この様子だと家事はきみがこなしているんでしょうか。食費など生活に必要なお金は、ちゃんともらっていますか。

もしかして暴力を振《ふ》るわれることがあるのかもしれません。いずれにしても一度信頼《しんらい》できる大人に相談したほうが良いですね。子どもは親か親に代わる保護者が養育する義務があります。きみの父親はその義務を放棄《ほうき》している疑いがありますから、その場合はきみの望みどおり親元を離《はな》れて暮らすことができます。

ただ、ちょっと気がかりなのは、果たしてきみの父親は、きみの言うような親なのかどうかということです。つまり酒やギャンブルが好きなだけで、きみのことは、それなりに面倒を見てくれる。家庭料理は無理でも、三度三度の食事はコンビニで買ってきて食べさせてくれるし、学用品がいると言えば、お金をだしてくれる。つまり、最低限の養育者の務めは果たしているとすれば、現段階では、父親から離れて暮らせる可能性は少ないでしょう。

なぜこんなことを書いたかといえば、きみが十四歳だからです。この年頃《としごろ》で親が好きという子はあまりいません。親の欠点ばかり目につくし、上から目線の物言いに反発し、こんな親とは暮らしたくないと、常に思う年頃なのです。母親が愛想をつかして出て行ったそうですが、その理由も父親のせいなのかどうか。案外ほかに好きな人ができたのかもしれませんよ。

こんなことを書けば、きみはもう少し我慢《がまん》しなさいとお説教されているように感じるかもしれませんね。まさにその通り、中学を卒業するまでは、現在の父親となんとか折り合いをつけて生活しなさい。

中学を卒業すれば、きみはある程度自由になれます。経済的な余裕《よゆう》があれば全寮制《ぜんりょうせい》の高校に通うこともできるし、いっそのこと他県に就職する道もあります。現在では少数派ですが、かつては中学卒業後、都会に集団就職する子どもは大勢いました。むろんその場合は親の同意が必要ですが、きみの強い意志で何とかなりますし、きみの家庭事情を理解する大人を味方にして、父親を説得する手もあります。いずれにしても、あと一年です。中学を卒業すれば、嫌《いや》な父親とおさらばできます。

それまでは我慢、我慢。

作家がぼくに言えることなんてあるんですか？

父が事故で働けなくなってから、母はパートで働きづめ。この前はついに過労で倒《たお》れてしまいました。ぼくも学校に黙《だま》ってバイトをしています。頑張《がんば》っているのに、ずっと貧乏《びんぼう》です。誰《だれ》も助けてはくれません。そんなぼくに、成功した作家さんが言えることって本当にあるんですか？　何をしてくれるんですか？（男性）

越水利江子さん

大切なことは、自分の人生はまず自分が切り開くしかないということです。子どもでも大人でもそれは同じです。

あなたは、作家を特別な人だと思っているようですが、それは違《ちが》います。作家という職業は、辛《つら》いこと苦しいこと、さらに貧乏だって体験しなければいい作家にはなれないのです。

苦しみ、悲しみの体験をして、痛いような思いを知ってこそ、人間も、作家も成長するからです。

時間がかかっても、辛いことを乗り越《こ》えた喜びこそが、人の感性そのものを磨《みが》いてくれて、作家もいい物を書けるようになるんです。

私も乳飲み子《ちのみご》を抱《かか》えた母子家庭の母でした。子どもが幼いので勤めにも行けないので、家でできる仕事としてイラストレーターになりました。でも、それまで何の実績もありませんから、初めての出版社をめぐりめぐって、仕事を下さいとお願いしました。そして、初めて貰《もら》った仕事が教科書の仕事だったのです。

そこから、子どもの本や、一般書《いっぱんしょ》のイラストを描《か》かせてもらえるようになりました。ある日、絵本を描きたいと思って、東京のある版元《はんもと》へ絵を持って出かけました。そこのベテラン編集さんは、「この絵とこの絵はすばらしい。でも、この物語は児童文学の方が向いている」とおっしゃいました。

実は、私は忘れられない幼なじみのことを絵本にしたかったのですが、物語も原稿《げんこう》用紙に書いていたので、一応、原稿はあると言ったら、編集さんは「見せて下さい」とおっしゃったので、自宅へ戻ってから原稿を送りました。すると一週間もしないうちに、「素晴らしかった！」とお返事があり、「うちは絵本しか出していないので、児童文学の版元を紹介します」と言って下さいました。そうやって、作家としてのデビュー作『風のラヴソング』が出たんです。あなただって、今は辛くても、頑張り抜《ぬ》けば、きっと幸せにつながります。どんなに大変でも、好きなこと、好きな仕事なら、人は頑張れるものです。

浅田次郎さん

小説家だから言える特別のことなどありませんよ。ただし人生の先輩《せんぱい》として、またあなたと似たりよったりの境遇《きょうぐう》に育ったひとりとして、言えることはいくらでもあります。

それから、あなたには何もしてやれませんよ。他人に何かをしてもらうのはいいことではないし、善意が本人のためになるとは限りませんから。

さて、ずいぶん冷たい回答ですが、あなたの立場がよくわかるからこんな言い方になるのです。

私は父母をよく知りません。どこでどうしているかはわかっていても、世間なみのつきあいはありませんでした。あなたと同じ年齢《ねんれい》のときには、親どころか住む家もお金もなくて、どうにか学校に通っているというだけでした。

そうした自分の経験を振《ふ》り返れば、あなたはずっとましだと思います。少なくともご両親と一緒《いっしょ》に暮らして、「頑張って」いるのです。「貧乏」よりもっとつらいのは「孤独《こどく》」ですよ。どんなに頑張ろうが誰もほめてくれない。何をしでかそうが誰も叱《しか》ってくれない。つまり自分の存在意義がわからない。それが「孤独」です。

でも私は、そのどうしようもない「孤独」の対価に気付きました。ほめられもせず、叱られもしない「自由」です。

あなたの境遇でなければ獲得《かくとく》できない大切なものが必ずある。それが何であるかは私にもわかりませんが、必ずあると断言します。頑張っているうちに、あなた自身が気付くはずです。

いいですか。「誰も助けてはくれない」と思っているうちは貧乏から抜《ぬ》け出せませんよ。生きるために頑張るのは当たり前、今のあなたは頑張り続けなければいけません。

もうひとつ、人生の真理を教えておきましょう。

「禍福《かふく》はあざなえる縄《なわ》のごとし」という言葉があります。幸と不幸はたがいにより合わせた縄のようなものだ、という意味ですね。

誰の人生だっていいこともあれば悪いこともあるのですが、実はそれらがきちんと、うまいこと交互にやってくるわけではありません。ということは、今の今苦労をしている分だけあなたの未来の幸福は約束されている。私の人生がそうであったように、あなたは今、未来の幸福を貯《たくわ》えているのです。

存在意義を発見せよ。努力を持続せよ。他者を頼《たよ》るな。明日の栄光を信じよ。

それはあなたの中にある——あとがきにかえて

もしもあなたがこの本を読もうかどうか迷っていて、「とりあえず、あとがきでも見てみるか」と決断を先送りするためにこのページを開いているのなら、まずは、ためしに目次に目を通してみてください。

体や心。人間関係。恋愛《れんあい》。家族。将来。この本には、若い世代をとりまく数々の悩《なや》みと、それに対する作家たちからのメッセージが収められています。

もしもそこに、あなた自身の抱《かか》えている問題に近いものを見つけたら、どうか回答者の声に耳を傾《かたむ》けてみてください。

あなたが真剣《しんけん》に受けとめようとしたとき、その言葉は、あなたのための言葉になります。あなたの心にぴたっとはまれば、今後の人生を歩んでいく上での「お守り」にもなり得ます。

もちろん、あなたは受けいれないかもしれない。自分とは違《ちが》う、と思うかもしれない。そのときは、どこがどう違うのか考え、自分自身を見つめ直すチャンスにしてください。

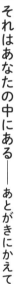

本気で心をぶつければ、相手も本気で返してくれる——縁《えん》あってこの本を手にしてくれたあなたが、少なくとも、それだけは感じてくれますように。そして、この先、あなたが本当に困ったとき、まわりの誰かに相談する勇気を出してくれますように。

残念ながら、この世界は、人間が一人きりで生きられるようには出来ていません。助けはいらないと強がって生きるより、いろいろな人の力を上手に分けてもらったほうが、本当の意味で強く生きられます。

まわりに頼《たよ》れる人がいなければ、遠くの縁者《えんじゃ》でも、行政の電話相談でも、民間の支援《しえん》団体でも、少しでもマシな相手を探してください。

人に心を打ちあけるのは怖《こわ》いし、恥《は》ずかしですよね。でも、どうか無理と決めつけないで。今日のあなたには出来なくても、明日のあなたには出来るかもしれない。

未来へ歩みだすための靴《くつ》はあなたの中にあります。

日本ペンクラブ「子どもの本」委員　森絵都

編者

日本ペンクラブ

ロンドンに本部を置く
国際P.E.N.の日本支部。
1935年創立。初代会長は島崎藤村。
文学と文化的表現に立脚しながら、
人権、言論表現の自由を
守る活動を行っている。

イラスト
今日マチ子

ブックデザイン
長崎 綾
(next door design)

校正
株式会社麦秋アートセンター

泣いたあとは、新しい靴をはこう。

10代のどうでもよくない悩みに作家が言葉で向き合ってみた

2019年12月10日　第1刷発行

編者
日本ペンクラブ

発行者
千葉 均

編集
天野潤平

発行所
株式会社ポプラ社
〒102-8519
東京都千代田区麹町4-2-6
電話 03-5877-8109(営業)
03-5877-8112(編集)
一般書事業局ホームページ
www.webasta.jp

印刷・製本
中央精版印刷株式会社

N.D.C. 159/199P/19cm/ISBN978-4-591-16483-9

P8008270